FSC
www.fsc.org
MIX
Papier aus verantwortungsvollen Quellen
Paper from responsible sources
FSC® C105338

AF671519

Herstellung und Verlag: BoD - Books on Demand, Norderstedt

ISBN-Nummer: 9783748184850

DONEGEL SMITH

RATZ,
das Frettchen

Die Natur erleben, mit den Augen eines Frettchens. Mädchen und Buben heraus aus den Stuben!

KINDERBUCH

„Donegel Smith“

-geboren am 21.08. 1970 in Gotha
-1972 nach München gegangen.
-verheiratet mit der Schriftstellerin von „Herzdideldumdei“
- freiberuflich, selbständiger Schriftsteller & Industriekaufmann
- 40 Jahre Ornithologe
-Lyriker der „Frankfurter Bibliothek“
-Deutsche Nationalbibliothek Frankfurt Main

-Donegel Smith ist ein in München lebender Schriftsteller & Kabinettmaler.

-Er liebt die Weite der Berge und der Seen.

-Washington, London & Paris sind die Städte, deren Flair seinen Schreibstil beeinflussten.

- Lieblingsbild - Jan Vermeer –„Dame mit Perle" 1660

-Besonders mag er von Wyllie – „The Phantom Ship - 1889“.

-Lyrik des 17. Jahrhunderts und 18. Jahrhunderts und besonders Goethes Paarreim lehrte ihn schreiben

-veröffentlichte Bücher :

Krimi: ***„RATTEN SCHARF“,*** *November 2017*
Wirtschaftsweckruf: ***"HALLO, ist da WER?"*** *Dezember2016*
Wolfsroman: ***SILENT – THE NATURE IS BACK;*** *Februar2016*
SB: „ **DER WANDERER“ oder Maria Magdalena auf den Fersen“;** August 2015
Erotikroman **„McArthy – ein Teufelsweib?“** Mai 2015
SB: „16 Wochen – 112 Dein persönlicher Notruf!“ 2014

Es wird Zeit, die Schuhe anzuziehen, die Jacke überzuziehen, das Handy weg zu werfen, den Computer auszuschalten und die Augen für eine wunderschöne, grüne Natur zu begeistern.

Ratz, das Frettchen ist immer unterwegs im Wald.
Jeden Tag trifft es alte und neue Freunde.
Mit seinen Augen kannst Du die Natur erleben und in sie eintauchen.

Viel Spass dabei!

Euer

Donegel Smith

„Menschheit besinn Dich lass nicht zu – erst stirbt die Fauna, dann auch Du!“

Ratz möchte Euch herzlich in seinem Wald begrüßen!

„Liebe Kinder, zieht Euch die Jacke über und werft das Handy und Tablett in die Ecke.

Sonst erlebt ihr viele Tiere nur noch aus dem Internet oder aus dem Fachbuch. Es wird Zeit für Euch, die Natur live zu erleben.

Der Anorak bringt Euch in die Natur eurer Zukunft. Was ihr besser kennt, werdet ihr auch besser schützen und verstehen!“

DANKE AN EUCH!

Ratz war heute schon früh unterwegs im Wald.
Er wollte einen „Freund" treffen, von dessen Existenz er bisher nur immer etwas gehört hatte.
Er nannte alle Tiere des Waldes seine Freunde.
Eine weite Strecke musste zurück gelegt werden.
Da der Freund sich immer ganz weit hinten, fernab von den Menschen - im Wald versteckte.
Dort hatte er sich einen schönen Bau gegraben.
Im heißen Sommer wurde es nicht zu heiß unter der Erde.
Der Winter und seine Kälte konnten ihm da unten gar nichts anhaben.
Fast zwei Meter unter dem Rasen im Wald lag der Bau des Freundes. Vielleicht lief Euch irgendwann bei einem Spaziergang dieses Tier schon einmal über den Weg?

Schwarz, grau, weiße Streifen zeichnen sein Fell aus.

Unbewusst habt Ihr schon einmal etwas in einem Märchen von ihm gehört. Dort nennt man ihn auch „Isegrim“. Oder einfach Dachs.
Doch grimmig ist er nicht. Diese Worte für Tiere anzuwenden, ist nur der Sinn der Oma`s und Opa`s.
Die Oma`s und Opa`s denken immer noch so, wie ihre Generationen vor 70 Jahren. Da war alles noch einfach und unkompliziert. Aberglaube herrschte auch noch.
Doch die Natur zu verstehen ist nicht so kompliziert.
Man muss sie nur beobachten. Zusammenhänge sind eigentlich ganz einfach. Doch muss es einem ein Mensch erklären, so dass ein Kind es auch verstehen kann. Nur nicht sich scheuen, die Dinge bei ihrem wirklichen Namen zu nennen und keine Tatsachen verdrehen. Wenn die Welt der Oma`s und Opa`s immer noch so verschlungen ist, dann liegt das an ihrer

Unaufgeklärtheit der früheren Zeiten. Man muss es ihnen nachsehen.
Nun konnte er schon den Eingang zur Höhle erkennen. Fast einen Meter groß, war das Loch in der Erde und eine große Dunkelheit sowie ein kalter Lufthauch schlugen Ratz entgegen.
Noch zwei Hopser und er befand sich am Rand des Eingangs. „Hallo, ist da jemand?“ rief Ratz laut in das Ungetüm von Loch hinein. Nichts, aber auch gar nichts war zu hören. Nicht einmal eine begrüßende Antwort oder ein „Komme gleich“.
Still und starr glotzte Ratz das Loch an.
Doch plötzlich aus der Tiefe der Dunkelheit heraus, konnte man es hören. Ein Röcheln, ein Ächzen und Stöhnen. Da sah Ratz zum ersten Mal in seinem Leben das Gesicht des Dachses.
„Ja, hallo – was treibt denn Dich in diese Gegend meines Waldes?“ fragte der Dachs. „Nun ja“ stotterte der verwirrte Ratz „ich hörte von einem

seltsamen, grimmigen Tier, welches hier im Wald hausen sollte. Da wollte ich mal nachsehen ob es vielleicht ein Spielkamerad werden kann!“ so stammelte Ratz in sein Frettchen typisches Gesicht. Die Schnurrhaare zitterten immer mehr, je größer sich der Dachs vor ihm aufbaute. Das war aber schon ein großes, schweres und wehrhaftes Wesen. Da braucht man sich nicht zu wundern, warum andere Raubtiere sich vor ihm und seinen Klauen fürchteten. „Du brauchst dich nicht zu fürchten! Aber in meinen Bau lasse ich dich nicht hinein. Meine Frau säugt gerade die Jungen Dachse. Da will sie nicht gestört werden!“ In aller Ruhe erklärte Frederik der große Dachs des Waldes dem kleinen Ratz seine Familie. „Ja sag einmal“ fragte Ratz „was fresst ihr denn eigentlich so? Man sagt ihr würdet alles fressen? Auch Aas soll zu eurem Speiseplan gehören? Brrrrr.“ Ratz wurde durchgeschüttelt von seiner Vorstellungskraft. Doch Frederik sagte ihm alle Speisen und welche er lieber nicht fressen sollte. Da kannte sich Isegrim aber sehr gut aus. Viele Tiere würden zu ihm kommen, wenn sie Magenschmerzen hätten. Ein Kraut hier eine Pflanze da und schon würden sie wieder über die Wiese rennen. So hätte er immer Kontakt zu den Tieren des Waldes und die Nachrichten kämen von ganz allein zu ihm. Sie waren gerade in der Pflanzenkunde unterwegs, als alle Kinderlein von Frederik in das Freie stürmten, um auf der Wiese zu spielen. Hier hatten sie keine Feinde oder Störungen. Ratz kam gerade recht zum spielen mit den Kleinen. Es waren herrliche Stunden der Unbekümmertheit. So gegen 4 Uhr am Nachmittag machte sich Ratz wieder auf den Heimweg. Doch er wusste sofort. Dies war nicht die letzte Spielstunde mit den kleinen Dachsen von Frederik.

Ratz stand am nächsten Morgen auf, um sich im Bach zu erfrischen. Ein zwei Vögel konnte er unterwegs erwischen. Dies war keine Schande. Er war nun mal ein Frettchen und ein Raubtier und keine Schmusekatze. Auch das gehört zur Natur. „Fressen und gefressen werden!“ so ist das Leben in der freien Natur. Doch die Freiheit ist unbezahlbar. Deshalb zog es ihn schon wieder in die andere Richtung von gestern. Gerade da sollte es ein „ANDERES“ Tier geben, welches sogar in einer Familie leben täte. Diese Form der Familie in der Natur nennt man „Rudel“. Es waren recht viele Mitglieder dieses Rudels unterwegs. Da wurde Ratz auch schon den Anführer gewahr. Ein riesiges Männchen stand auf einem Hügel und beobachtete die Umgebung. Seine Jungen tollten vor dem Eingang der Höhle umher und versuchten sich von oben auf den Nächsten zu stürzen. Das Spiel des Lebens wurde so trainiert, um später sich

durchsetzen zu können. Die Menschen sind auf dieses Tier nicht so gut zu sprechen. Es war der „WOLF“. Alle kennen sie das Märchen vom Wolf der das Rotkäppchen frisst. Doch dies hat nichts mit dem wahren Wolf zu tun.
DER WOLF – lateinisch Canis Lupus – ist das sozialste Tier in seiner Art, welches unter Gottes Himmel und Sonne lebt. Auch in anderen Kontinenten sind die Unterarten von der gleichen sozialen Einstellung geprägt.

ALSO ERWACHSENE MENSCHEN!!!:

Hört auf den Wolf zu verteufeln, wenn IHR nichts von ihm wisst. Mit den Menschen – die ihr wenig oder gar nicht kennt – macht IHR es genauso!!! Wer hat euch den Verstand gestohlen?

DER WOLF wird gehasst. Doch jedes Kind möchte gern ein Hundchen haben. Mit seinen Kulleraugen und der weichen Zunge. Kinder, Kinder der Hund ist genauso ein Wolf wie euer vermutliches, weiches Schmusetier „HUND“. Alle Hunde stammen vom Wolf ab. Da können sich die Eltern drehen und wenden wie sie wollen. Sie müssen die Gesetzmäßigkeit der Natur anerkennen. Mit ihrem kleinen Verstand, wenn es sein muss.

Ratz war heute nicht sehr mutig.
Bei diesem Anblick gefror ihm das Blut in den Adern. Doch der Wolf auf dem Hügel hatte ihn erspäht. Schnell war er unterwegs und hatte sich Ratz in einem unaufmerksamen Moment geschnappt. Doch Ratz konnte gerade noch etwas sagen, um den Wolf von seinem Biss abzuhalten. Ratz wurde auf die Erde gesetzt. Und

der Anführer des Rudels – der sogenannte ALPHA – Wolf hörte Ratz sehr aufmerksam zu. Jetzt erkannte er die Wanderung von Ratz als etwas sehr nützliches und ließ von ihm ab.
Er rief seine Frau und die Kinder herbei, um ihnen Ratz vorzustellen. Ihm wurde klar, dass es immer besser sei, wenn seine Kinder für später viele Tiere kennen würden. So könnten sie leichter von Freund und Feind unterscheiden. Auch die Futterquellen würden sich so leichter unterscheiden lassen. Ratz durfte sich nun in der Mitte eines Kreises allen Rudel - Mitgliedern vorstellen. Sein Herz pumpte bis zum Hals. Könnt ihr euch das vorstellen? Ihr steht im Kreis von lauter Wölfen umgeben und sollt euch vorstellen? Doch Ratz war ein sehr mutiges Frettchen. Dies beindruckte den Alpha – Wolf namens „Hugo“ mächtig. Die Zähne von Ratz blitzten immer wieder mit Absicht auf. So wollte er seine Wehrhaftigkeit beweisen.

Bei den Wölfen verbrachte Ratz noch sehr viel Zeit. Er lernte ihre Sprache. Saß im Kreis und hörte ihre Geschichten und lernte so immer besser ihre Aufgabe in der Natur.

„Weißt Du“, sagte Hugo, „falls es uns nicht gelingt unsere Art zu erhalten, werden die Kadaver des Waldes sich ausbreiten und die Tiere werden von Seuchen krank. Unsere Aufgabe ist es – krankes und altes Wild zu erlegen, damit die anderen Tiere des Waldes in einer gesunden Natur leben können. Außer uns macht das hier keiner. Und kein Jäger kann so gut riechen, ob ein Tier krank ist wie wir. Wir können schon riechen ob der Hirsch alt oder krank ist, bevor er es selber weiß! So gut sind wir und unsere Sinne verfeinert worden!“ so sprach der alte Wolf Hugo zu Ratz. Ratz war von dieser Aussage sehr beeindruckt. Und ein bisschen neidisch obendrein.

Morgens um halb Fünf Uhr morgens weckte ein seltsames Geräusch Ratz aus seinen Träumen. „Tschik, Tschik, Tschik“ oder „Schnäk, Schnäk, Schnäk“ klang es durch die Ohren von Ratz in seinem Moosbett. Als er aufblickte, sah das Frettchen einen Vogel vor ihm im Gras, dessen besonderes Gefieder ihn an ein Zebra erinnerte. Doch die schillernden Farben der Flügel in Grün und Stahlblau waren von einer besonderen Art. Ratz war sofort wach. „Hey, was bist den Du für ein seltsamer Vogel?“ fragte Ratz.

„Ich bin eine Elster und Du?“ „Ich bin Ratz das Frettchen, welches sich auf einer Wanderung befindet und ganz viele neue Freunde finden will!“ so führte Ratz seine Gedanken fort.

„Du Ratz, solltest aber auch wissen, dass ich nicht gern gesehen werde. Ich habe die Angewohnheit Vögel zu fressen, Nester zu plündern oder gar mich bei Aas herum zutreiben.

Auch Schmuck der Menschen interessiert mich ganz toll. Und im Nest sammle ich ihn dann wie ein gemeiner Dieb. Doch so ist meine Art!“

„Diese Angewohnheit stört mich nicht. Denn ich habe nichts und teile gerne was ich finde! Auch mit Dir! Was hat Du zum Frühstück gehabt?“ „Schnecken und Würmer“ sagte die Elster.

„Gut dann habe ich auch noch ein paar Vorräte aus meinem Rucksack dabei! Ein paar Kleinvögel sind schon noch frisch. Die Nacht war Sternenklar und eiskalt. Im Sommer ist das ein guter Kühlschrank. Was möchtest Du zum Essen? Vögel oder Schnecken?“

„Ich würde Vögel vorziehen. Doch auch ich möchte mich Dir kurz vorstellen. Ich bin die Elster „Nimmersatt“ und wohne schon seit sehr langer Zeit unter dem freien Himmel. Ich lade

Dich ein, mit mir auf die Baumkrone in mein Haus zu kommen. Da haben wir unsere Ruhe. Bei uns Elstern nennt man das Haus „Kuppelbau". Doch was Du frisst, ist auch unsere Speise. Würmer, Wespen mit Vorsicht und alles was sich finden lässt. Da werden wir Freude haben." „Warum bist Du dann schlecht angesehen bei den Menschen?" fragte Ratz. „Das liegt an meiner Angewohnheit auch einen Singvogel nicht zu verschonen. Nester zu plündern oder eben auch Schmuck und „glänzendes" zu sammeln. Ja in Nestern von Kolleginnen wurden schon ganze Schätze gefunden. Doch mich interessiert das nicht so sehr. Würmer und Schnecken sind mir lieber!" sagte „Nimmersatt". Doch man kann es eben niemand so richtig recht machen. So dachte sich Ratz.

Bei uns Frettchen ist es ja nicht viel anders. Bloß weil wir halt bestimmte Tiere den anderen Tieren vorziehen. Dann ging Ratz nach Hause. Bei seiner nächsten Etappe von der großen Wanderung lief er über eine grüne Lichtung. Ein kleines Bambi-Reh stupste ihn von hinten an, als er sich das Maul mit dem Schwanz abwischte.

„Huch" erschrak sich Ratz. Und als er sich umdrehte, sah er in die großen Kulleraugen einer Reh-Geiß. Diese war wenig entzückt von dem kleinen Raubtier bei seinem Kind. Doch schnell hüpfte Ratz zur Seite, um nicht einen Hieb vom Kopf ab zu bekommen. „Was habe ich Dir getan?" fragte Ratz. „Ich mag nicht, wenn sich ein Raubtier in der Nähe meines Kitzes herum treibt. Da könnte es sich mit Krankheiten anstecken. Und Schaden nehmen könnte es auch. Bleib mir also lieber vom Körper weg!"

„Entschuldige mal“ empörte sich Ratz. „Ich wollte nur das Kitz kennenlernen. Man nennt mich Ratz, ich bin ein Frettchen und auf der Wanderung durch die Natur, um so viele Freunde wie möglich zu treffen. Dann kann ich sagen – ich habe sehr viel gesehen – in meinem kurzen Leben!“ Ratz wurde traurig, da er erkannte, dass es mit dem Leben bei so vielen unterschiedlichen Gefahren schwer war, lang am Leben zu bleiben.

Doch die Geiß tröstete ihn.
„Sei nicht verzagt Ratz“, „wir wissen alle nicht, ob wir lange das Leben haben oder nicht!“
„Aber es freut mich, dass Du mein Kind als deinen Freund ansiehst. Es hatte nicht so tolle Stunden am Anfang seines Lebens. Die Jäger waren hinter uns her. Doch wir konnten ihren Gewehren immer ausweichen. Heute genießt das Reh im Frühling einen Schutz. Sei froh, dass Du so klein bist. Da will Dich keiner jagen.“

Ratz wurde sehr nachdenklich. – Was machen denn diese Menschen so alles in der Natur – Das muss ich unbedingt erkunden! -
Doch da Ratz ungefährlich war, ließ die Geiß ihr Kitz mit ihm auf der Wiese umher tollen. Mit wachsamem Blick wurde das Treiben beobachtet. Ein Pfiff und schon war Ratz und sein neuer Freund bei der alten Geiß, um sich zu verstecken. Es war ein herrlicher Nachmittag. Ratz und der kleine Bock schliefen am Waldrand der Wiese in einer kleinen Mulde zusammen gekuschelt. Das Toben macht müde und hungrig. Gegen Abend zogen alle drei Tiere wieder auf die Wiese wegen der saftige Kräuter des Frühlings. Die Ricke hatte sofort gute Milch und das Kitz bekam die beste Nahrung für sein Wachstum. Gegen 19 Uhr am Abend dann zogen sie sich zu dritt wieder in den Wald zurück. Besser war es. Denn ein Jäger der Dämmerung und Nacht betrat nun die Bühne der Natur.

Was kann das nur für ein Tier sein?
Nicht zu groß und doch gefährlich für Reh und alle Mäuse auf der Wiese und im Wald.
Ratz war gerade von den beiden Rehen weggegangen, als er sah, wie der „Räuber“ der Nacht sich auf den Weg machte, um zu jagen was zu kriegen war. Schon der Schwanz war sehr beeindruckend. Weiße Spitze und dicker roter Busch als „Lunte“ zogen die Aufmerksamkeit von Ratz auf sich. Doch irgendetwas sagte Ratz: „VORSICHT“ – Das ist kein Freund. Hier lauert Lebensgefahr. Ratz sah zu, aus der Gefahrenzone zu kommen. Mit diesem Tier wollte er sich zu einem späteren Zeitpunkt beschäftigen.
Die Nase von Ratz machte ihm klar, wenn ein Tier so markant riecht, konnte das nicht sehr gut sein. Weg hier! Weg hier! Weg hier! Mit großen Sätzen rannte Ratz durch die Wiese seiner Heimat entgegen. Dort hatte er sich erst einmal in seinen Baum verzogen. Jetzt wollte er

unbedingt einen Tag lang schlafen. Doch seine Unruhe ließ es nicht zu. Nach 12 Stunden war Ratz schon wieder hell wach.
In der Heimat von Ratzen`s Baum gab es einen kleinen Bach. Dieser war sehr wichtig im heißen Sommer. Immer frisches Wasser zu haben, kann ein Überleben der eigenen Art sichern.
Manchmal holte sich Ratz Wasser in seine Baumhöhle. Dort verdunstete das Wasser in seinem Fell. Der heißeste Sommer konnte dem kleinen Ratz so nichts anhaben. Da es immer kühl in der Baumkrone zuging. Auch die Tiere des Waldes kannten den Trick sich mit Wasser im Fell abzukühlen auch. Stundenlang suhlten sich die Schweine im Matsch. A pro Po Wildschweine. Nicht immer sind sie so scheu, wie wir sie kennen. Haben sie genügend Futter und in einem eingezäunten Revier, dann vermehren sie sich explosionsartig und werden der Natur habhaft. So kann der Mensch fast nicht mehr ihren

Bestand kontrollieren. Da hilft nur Abschuss. Ja, die Wildschweine müssen durch Abschuss reguliert werden, da ihre natürlichen Feinde fehlen. Wo immer die Natur über Hand nimmt ist das Eingreifen der Menschen erforderlich. Doch nicht immer kann man im Zug der Natur Gestaltung diesen Grundsatz gelten lassen.
In Afrika muss der Mensch sich schützend vor die „wilden“ Tiere stellen, da sonst die nachfolgenden Generationen einen Elefanten nur noch aus dem Bilderbuch kennen werden. Bloß weil irgendwelche reiche Menschen sich scheinbar das Leben eines Elefanten kaufen können. Das Leben könnte sich negativ weiter entwickeln. Frevel ist und bleibt Frevel an der Natur. Ob nun in Afrika oder Europa. Da meinen die Italiener – Vögel schießen zum Spass ist toll. Bloß damit ihr Ego gut da steht.

Ihr Kinder seht also, schon in Euren jungen Jahren ist es wichtig, viel über die Natur zu wissen, damit ihr die Tiere und die Natur versteht. Die Natur braucht Euch nicht, doch der Mensch braucht die Natur, um zu überleben. Unsere Aufgabe als Kind wie als Erwachsener ist es, auf die Natur acht zu geben und sie immer zu unterstützen. Auf welche Weise auch immer.

Doch lasst uns frohen Mutes den Abenteuern von Ratz wieder unsere ganze Aufmerksamkeit schenken. Ratz ist immer noch auf der Suche von neuen Freunden.

Deshalb wurde Ratz gerade wach, als ein Sonnenstrahl in seine Baumhöhle lunzte und seine Nase mächtig kitzelte. „Hatschi“ rief er aus. Dann schüttelte er sich und machte sich auf den Weg zum Bach vor seinem Baum und seiner Wohnung. Mit einem kühnen Satz sprang er in die Fluten des kalten Baches. Kräftig eine Runde drehend, erfrischte ihn das morgendliche Bad. Noch schnell einen Fisch aus seiner Höhle gefischt und der Tag des Sommers konnte beginnen. Mit aller Kraft wehrte er sich gegen die Morgenmüdigkeit. Denn er wollte wieder im Wald nach Freunden suchen. Immer bei seinen Wanderungen erfrischt er sich in kleinen Pfützen im Wald, welche sehr merkwürdig waren. Überall war die Erde aufgerissen und Ballen von Gras lagen umher. Dies musste einen Grund haben. Denn am Tag vorher waren diese Löcher immer oder öfter nicht da gewesen. Heute wollte er das Rätsel lösen. Gab es da eine Gefahr für sein Leben? Das war ihm egal, denn der Forscherdrang in ihm meldete sich wieder. Mit vielen Sätzen durchsprang er den Fluss Richtung Süden. Da hatte er das größte Loch entdeckt. Doch niemand war zu sehen der graben würde.

Wer macht denn sowas nur? Immer und immer wieder fragte er sich selbst in seinem kleinen Kopf. Bis er schon Kopfweh hatte.

Da hörte er ein sehr unheimliches Grunzen. Mit drei Sätzen war er im tiefen Gras verschwunden und duckte sich hinter einem Büschel hohen Grases weg. Immer wieder ging sein Kopf nach oben, um das Tier nicht aus den Augen zu verlieren. Größer und größer wurde das unheimliche, schwarz-graue Tier. Und größer wurde auch die Angst von Ratz. Dann konnte er es sehen. Mit seiner Nase bohrte sich das Tier durch den Boden und schob den Rasen einfach weg. Schnecken und Würmer fanden den Weg in das große Maul. Etwas an der Seite des Maules ragte aus den Seiten des Kopfes heraus. Die Neugierde trieb Ratz aus seinem Versteck heraus. Unvermittelt sprach Ratz das unbekannte Tier an:

„Hallo wer bist denn Du?“ Mit einem Satz war das Tier auf Ratz zugeschossen. Ratz rannte um sein Leben. Dann kam er zurück. „Hey erschreck mich nicht so. Ich kann nicht so weit sehen. Deshalb stürme ich auf alles los, was sich bewegt. Wie unhöflich von mir, mich Dir nicht vorzustellen. Ich bin „Alois“ ein Eber der Gattung Wildschwein. Die Menschen nennen mich auch „Schwarzkittel“. Ratz kam noch näher. „Du Alois – machst Du die Löcher in der Wiese?“ „Und was sollen die Löcher dann bewirken – erklär mir das doch!“ „Kein Problem sagte Alois. „Also mit meiner Schnauze und Rüsselscheibe durchwühle ich den Boden nach Würmern, Pilzen, Schnecken und Engerlingen. All das ist im Boden versteckt. Ich bin aber kein „dummes“ Tier. Sondern sehr schlau. Die Franzosen benutzen mich sogar zum Pilze suchen. Sehr teure Pilze. Welche „Trüffel“ heißen. Da rennen sie für ihr Leben gern durch den Wald und verdienen sehr viel Geld damit.

Ich fresse die Pilze viel lieber selber. So kriege ich einen Fettmantel für den kalten Winter. Sonst friere ich genauso wie Du. Speck ist meine Reserve! Komm doch näher ich fresse Dich nicht!“ So lernte er wieder einen neuen Freund kennen. „Meine Frau liegt gerade in ihrem Bau den wir „Kessel“ nennen. Dort bekommt sie viele kleine Ferkel. Meine Kinder sind schon unterwegs. Wenn Du Lust hast, kannst Du uns besuchen. Aber komme nicht gerade in den nächsten Tagen vorbei. Das Kinderkriegen ist sehr anstrengend und meine Frau ist dann immer sehr gereizt. Bring erst einmal 10 oder 12 Kinder in einem Ruck zur Welt. Da bist Du fertig. Sie ist aber eine liebe Frau und auch eine liebe „Sau“. Bei uns heißt das so. Doch ich höre das bei den Menschen als Schimpfwort im Wald. Das mag ich aber gar nicht hören. Da werde ich böse!“ Alois war trotz seiner Größe ein sehr liebenswertes Schwein. Alle Achtung was der so

alles wusste und kannte. Ratz war sehr erstaunt. Sie verabredeten sich für den nächsten Tag, damit „Alois“ - Ratz seiner Frau vorstellen konnte. Er war ja dabei. Da freute sich Ratz drauf.
Ratz erwachte vor lauter Vorfreude auf Alois und seine Familie. Doch hatte er auch Angst – wie ihr euch denken könnt – er musste ja wieder zu diesem riesigen Schwein und seine Frau die Sau hatte schlechte Laune. Möchtet Ihr zu einer Sau die schlechte Laune hat?

Mit ziemlich weichen Knien wanderte Ratz zu der Stelle hin, wo Alois ihn vor Ort bestellt hatte. Da wurde er nach kurzer Zeit schon ein gewaltiges Quieken gewahr. Noch ehe Ratz sich versah, war er von lauter Ferkeln umgeben. Angst erfüllte ihn und sein kleiner Körper zitterte. Besonders seine Beine wollten ihm nicht gehorchen. Starr blickte er um sich. Alois kam

auch schon an gesaust, die wilde Bande erst einmal zu beruhigen. Die Ferkel wollten unbedingt mit Ratz spielen. Doch Ratz war ein sehr kleines Frettchen. Kaum konnte er wieder atmen, flog er auch schon durch die Luft.
Ein kleiner Rüssel hatte ihn hoch gehoben und in die Luft geworfen. Alois kam zu spät. Er selbst warf nun sein übermütiges Ferkel auf die Seite von Ratz weg. Dann war es erst einmal wieder still. Die Sau kam an und beschnüffelte Ratz von allen Seiten. Dann gab sie das Spiel wieder frei. Doch Alois wollte Ratz erst einmal in Ruhe vorstellen. So stellten sich die Ferkel der Reihe nach auf und gaben ihren Namen bekannt. Natürlich in der Reihenfolge – wie sie auch auf die Welt gekommen sind. Nachdem alle ihre Namen gesagt hatten, war Ratz auch bereit, wieder mit ihnen zu spielen. Nun begann für Ratz die wilde Hatz. Alle rannten die Wiese rauf und runter bis sie nimmer konnten. Doch dann

wartete die Sau geduldig und die Ferkel konnten sich an ihrer Brust satt trinken. Danach tobten sie wieder umher, bis der späte Nachmittag sie alle ermahnte, sich im Wald auszuruhen. Die Dämmerung war eine gefährliche Zeit. Auch für kleine Ferkel. Denn andere Wildschweine nehmen nicht so viel Rücksicht wie Alois und seine Frau. So wurde im warmen Moos eine Schlafstunde eingelegt. Alle konnten sich ausruhen. Und Ratz profitierte vom Schutz seines großen Freundes Alois. Die Sau konnte hingegen nicht begreifen, wie ein so kleines Tier wie Ratz so schnell laufen konnte. Ratz erklärte ihr später, dass es notwendig wäre, um Vögel oder andere kleine Säuger zu erwischen. Es war ein gegenseitiges Aufklären und Weitergeben von wichtigen Informationen. Für die Sau, für Alois und auch für Ratz. Er wurde gewahr, dass er doch noch recht wenig wusste. Aber mit jeder Minute wurde sein Wissensschatz größer. Ratz behielt alle seine Informationen in seinem kleinen Kopf, dass ihm der Schädel brummte.

Heim – nur Heim und ausruhen, waren jetzt die nächsten Gedanken von Ratz. Auch Alois und seine Familie verschwanden still im Wald, als wären sie nie dagewesen. Ratz ging schlafen und kuschelte sich in seiner Höhle in seinen buschigen Schwanz wie ein Eichhörnchen.

Der Morgen tat sein Werk.
Die Vögel stimmten ein Morgenlied an und Ratz sah sich einem großen Tatendrang gegenüber. Wasser des Lebens tanken, nannte Ratz ein kühles Bad nehmen. Doch nur nicht zu viel vom kalten Wasser in das kleine Gesicht schaufeln. Gott sein Dank hatte er kleine Pfoten. Einmal schütteln, kurz in die Sonne legen und Wärme tanken und dann sauste er los, um sich sein Frühstück zusammen zu suchen. Das war gar

nicht so einfach. Alle sahen ihn schnell laufen oder rochen eben die Gefahr.

Ratz hatte sich vorgenommen, heute seinen Freund Isegrim zu besuchen. Schon war er auf halbem Weg, als er „*ES*“ vernahm....

Lauter und lauter wurde der Ton. Als wenn eine Klangschale unendlich lang nachschwingt. Tief und unheimlich kam der Ton näher und näher. Dann sah er sie. Die vielen Bienen eines großen Schwarmes zum Nest suchen und bauen. Doch jetzt zur Hälfte des Weges bekam er plötzlich Appetit auf etwas Süßes. Honig war das Stichwort. Bei den Bienen des Waldes war er schon oft vorbei gekommen. So schwenkte er nach rechts, um sich einen Happen zu genehmigen. In der Nähe der Bienen sah er ein Schauspiel der besonderen Art. Unter dem Baum der Honigtöpfe raste ein Bär ständig umher. Hinter ihm raste wiederum „Meister Isegrim“ vor den wilden Bienen weg. Was war hier los? Waren da etwa Honigdiebe unterwegs? Wollte der Dachs den Baum fällen? Half ihm der Bär beim Graben? Sollten denn die Bienen sterben? So viele Fragen hatte Ratz.

Da entdeckten ihn der Bär und auch Isegrim. Schnell kamen sie auf ihn zu gerannt. Die Bienen hinter ihnen her. Ratz sprang in eine Pfütze des Weges vom letzten Regenguss. So konnte er sich abducken. Mit Mühe war er der wilden Hatz entkommen. Die Beiden hätten ihn glatt zerquetscht und zermalmt. Mit einem Pruster kam das Köpfchen von Ratz wieder aus dem Wasser hervor. Doch von seinem Freund Isegrim sah er nur noch den breiten Hintern. Wer war der Bär in seinem Wald und was machte der hier? Irgendetwas lief hier mächtig schief!

Nun kamen der Bär und der Dachs wieder zu ihm zurück gerannt. Die Bienen hatten sich verzogen. Der Appetit nach Honig auch. „Hallo ihr Honigdiebe des Waldes!“ begrüßte Ratz die Freunde. Den Bären sah er mit großem Misstrauen an. Der Dachs wunderte sich der Rede von Ratz. „Hey Ratz“ fragte der Dachs. „Warum nennst du uns Honigdiebe?“ „Weil ihr Euch offensichtlich da aufhaltet, wo keine Biene euch gern sehen will! Die Bienen haben zwar nur eine paar Strickleiternerven, aber dumm sind sie nicht. Da müsst ihr zwei Schleckermäuler schon eher aufstehen!“ So machte sich Ratz über die beiden Tiere lustig. Doch die Angst vor dem Bären übermannte ihn wieder, trotz seiner Heldenhaften Sprüche. „Isegrim dich kenne ich“ sagte Ratz mit besorgter Miene. „Aber den da, kann ich überhaupt nicht im Wald leiden.“ Der „kleine“ Bär setzte sich auf seinen Hintern und begann zu weinen.

Wieder und wieder kollerten die dicken Tränen aus den Augenwinkeln des Bären. „Niemand will mich haben!“ „Alle jagen mich fort oder wollen mich erschießen. Ich will das nicht mehr.“ So winselte der mittelgroße, starke Bär vor den Beiden.
Ratz sah ihn sich genauer an. Dann erkannte er eine Besonderheit in seinem Fell. Eine Nummer. „Nun mein Freund ich würde gern etwas näher kommen, ohne dass Du mich gleich frisst. Und du bist kein gewöhnlicher Bär? Oder kommst du aus Italien?“ So viele Fragen von Ratz hatte dem Bär noch niemand gestellt. „Nun mal langsam Ratz“ „Ich kenne ihn schon seit ein paar Tagen und er wanderte von Österreich zu uns. Ich freue mich, dass er da ist und DU alter Feingeist solltest dich auch freuen. Entweder wir gehören alle in diesen Wald oder keiner von uns. Dem Menschen sind wir doch sowieso egal. Also kann der „Brumm“

auch hier bei uns bleiben. Er muss ja nicht zu den Menschen gehen."
Ratz besah sich die Sache mit den zwei Seiten genau an. Dann sagte er: „Isegrim du alter Haudegen hast natürlich vollkommen recht!"
„Für BRUMM oder wie du ihn nennst, müssen wir einen Waldabschnitt finden, wo er genug zu fressen hat und nicht dem Menschen über den Weg läuft. Wir müssen ihn schulen, den Menschen zu meiden. Das wird ein hartes Stück Arbeit." „Meine Mama" begann der Bär zu erzählen „ wollte auch nur ein wenig Honig naschen und sie haben sie dabei erwischt. In Italien haben sie uns gejagt. Zum Schluss viel sie vor Erschöpfung um. Die Hunde und die Menschen haben sie zu Tode gehetzt. Das müsste ich mal mit den Menschen probieren."
„Sei nicht wütend und sei auch nicht mehr traurig" sagte Ratz. „Ich werde mich mit Dir um ein schönes Plätzchen kümmern. Dort kannst Du

dann in Ruhe groß werden. Der Wolf - mein Freund gräbt doch so gerne Höhlen. Da muss sich etwas machen lassen. Nun lach erst mal wieder und ich hol ein wenig Honig für Dich ganz allein. Den kannst du unterwegs schlecken!" Schon zeigte er die Lefzen und seine Zähne vor Freude. Bei Ratz kamen bei diesen Zähnen und dem Anblick keine Freudengefühle auf. Doch wie sagte er immer - gute Miene zum bösen Spiel machen. Mit der Wabe in der Hand, kommt man durch das ganze Land. Das Ziel schien zum greifen nah, als sich der Zweier Gruppe die Wölfe in den Weg stellten. Was war das nur für ein Chaos in diesem, unseren Wald? Er war doch für jeden da. Also auch für Brumm. (Immer muss ich alles neu erklären und verbinden) dachte Ratz. Ich dachte die Tiere wären weiter? Nein! So kann man sich täuschen. Doch dieses Mal so sagte sich Ratz mit allem Willen werden die Tiere siegen. Gegen alle Umstände und Herausforderungen.

Am Abend kamen sie bei den Wölfen an, um die Sache zu besprechen. Der alte Wolf konnte helfen. Er kannte einen Winkel im Wald, der von den Menschen und den Tieren gleichermaßen gemieden wurde. So wäre es keine Gefahr für alle Tiere. Mit Ratz, dem Bären der lachte, dem ALPHA – Wolf und noch ein paar Rudelmitgliedern wurde die neue Heimat von BRUMM begutachtet und für Spitze erachtet. Schon arbeiteten sich einige Wölfe durch den Boden des Waldes, wegen der Höhle für BRUMM. Am Morgen war es soweit. Eine Höhle für den Sommer sehr gut kühl und im Winter gemütlich warm. Man muss sie nur noch mit Heu auspolstern. Das konnte BRUMM schon von seiner Mutter. Mit Wurzeln und Gräsern konnte er so den kommenden, kalten Winter gut überstehen. Doch jetzt im Sommer hieß es erst einmal fressen bis die Schwarte knackt. Fett vom Kopf bis zu den Zehen. Ratz war froh!

Heute Morgen kam Ratz sehr schlecht aus seiner Höhle. Die Frühsommerhitze im Mai, ließ die Bäume über Nacht sich stark aufheizen. So konnte doch keiner schlafen. Mit Mühe räumte er seinen Schwanz von seinem Gesicht. Nachts ist es sehr warm und morgens dann, kriecht die Kälte in die Baumhöhle. Wer soll sich denn da noch auskennen? Das Frettchen hatte mal gehört, wie sich zwei Menschen unterhalten haben, die dann gesagt hatten bei Hitze liegen sie nur so im Bett. Wegen der Hitze. Was ist denn „nur so“? Ratz war ein Frettchen mit einem Leben voller Fragen. Doch wo Fragen sich einschleichen, kommen auch verblüffende Antworten in den Kopf und Geist hinein.

In seiner Baumhöhle war es immer angenehm, weil sie hoch über dem Boden von einem Schwarzspecht gemeißelt wurde. Als es um den Einzug ging, da hat es aber tüchtigen Streit im Februar gegeben. Der Specht war fertig und Ratz wollte hinein. Der Specht hatte aber mit seiner Familie die Höhle noch nicht bezogen. So kam Ratz sehr ungelegen. Das bekam er mit tüchtigen Hieben auf den Kopf zu spüren. Doch heute sind der Schwarzspecht und er - sehr gute Freunde. Immer wenn ein Vogel Not hat eine Höhle zu finden, ruft Ratz den Specht oder seine Verwandten und die zimmern dann eine Höhle in den Baum der Wahl. Deshalb nennt man alle Spechte „Zimmermann des Waldes“. Das möchte auch keiner mit dem Kopf stundenlang ein Loch in einen Baum hacken. Bis der Kopf schmerzt. Doch der Kopf der Spechte ist im Knochen schon gefedert. Das Gehirn bekommt von den Schlägen nichts mit. Da gibt es sehr viele verschiedene Spechte. Den großen Schwarzspecht, den großen Buntspecht, den Mittelspecht, den Kleinspecht, den Grünspecht, den Dreizehenspecht und auch noch den Blutspecht. Ja – hört das denn gar nicht mehr auf mit den Spechten! Dachte sich Ratz.

Und der berühmte „Wendehals“ ist kein Mensch, sondern ein unscheinbarer, kleiner Specht - Vogel.
Jedoch sind die Vergleiche schon angebracht, wenn der Vogel seinen Kopf um 180° dreht, der Mensch in seiner Meinung ständig auch eine Wendung vollführt. Kein Kind will einen Freund, der ständig seine Meinung im Spiel um den besten Ball ändert. Beständige Freunde sind heute eine Seltenheit geworden. Also erhob sich Ratz jetzt endgültig von seinem weichen Lager. Die Hitze der Nacht wurde mit einem kühlen Bad im Fluss des Waldes aus dem Fell getrieben.

Frisch und munter machte sich Ratz das Frettchen wieder auf, um neue Abenteuer zu bestehen. Heute hatte er sich vorgenommen, nach den Hirschkühen zu sehen. Jetzt im Mai sollten die Kitze schon auf der Wiese herum tollen. Gerade in den frühen Morgenstunden, wenn das Gras noch frisch ist und der Nebel über die Wiese zieht, ist es recht angenehm im Wald. Für Kitze die beste Zeit zum spielen, da die Fressfeinde ihren Verdauungsschlaf halten. Der Fuchs, der Wolf, die anderen Wildschweine die alles fressen und der Mensch als Jäger schlafen noch. Und die Jungtiere haben „Schonzeit – sie dürfen nicht gejagt werden“. Es ist herrlich im Wald und der Freiheit dachte sich Ratz und schon kamen ihm die ersten Hirschkühe mit den Kitzen entgegen. Alle kennen den Film „Bambi“. Doch die wenigsten Menschen hatten das Glück, Reh, Hirsch, Sau und „Bambi – Junges“ einmal in der Freiheit des Waldes selbst zu sehen. Da braucht es Ruhe, Geduld, Abwarten und ungeheure Aufmerksamkeit für die Natur. Dann kann das Wunder passieren. Es ist schade, wenn Kinder nicht in den Wald gehen können. Sie können von

der Natur sehr viel lernen. Und wenn der Wolf im Wald zu Hause wäre:

DIE WAHRHEIT IST:

Der Wolf will nichts von uns! Stehen bleiben, rufen, aufstampfen und der Wolf geht von ganz allein. In seiner Natur meidet „ER" uns, wo er nur kann!!! Merkt euch das!!!

Ich find den Wolf eines der faszinierendsten Tiere. Doch wenn der Mensch schon Angst vor Spinnen hat, wie soll ich euch dann den Wolf erklären. Früher sind die Kinder in den Dreck gefallen, ich auf der Wiese auch – wir sind alle groß und gesund geblieben. Kein Tier verpimpelt (verweichlicht) seine Kinder so wie wir. Dann wundern wir uns, wenn sie von einem Lufthauch krank werden. Wir Erwachsenen sind selber schuld. Doch die Anderen haben bestimmt

recht? Nur nicht selber ein Gefühl dafür entwickeln, was für mein Kind das Beste wäre. Schaut den Tieren zu. Seht gen Himmel und lernt von den Tieren etwas für Eure eigene Erziehung. Dort könnt ihr nichts verkehrt machen!!! Ja – es geht hart zu. Fressen oder gefressen werden, sind die Maxime der Natur – aus der wir selbst entsprungen sind! Doch umso stärker werden wir als Individuum aus dem Kampf heraus kommen. Für andere Menschen ist uns dann leicht Helfen und Beistehen, wenn wir selber von einem harten Schlag geprägt wurden. Das weiche Herz ist dann in der Lage mit Mitmenschlichkeit und Mitgefühl neue Wege und Töne anzuschlagen.

Das ist die Lehre für uns.

Ratz hatte viel Spass in der Natur.
Im Hochsommer konnte er schon sehr imposante Tiere im Wald beobachten. Immer und immer wieder stießen sie mit ihrem Kopf gegen den Boden. Ihr Kopfschmuck „Geweih“ genannt, juckte sehr von der Haut, welche sich von dem Knochen löste. Sie versorgte den „BAST AM GEWEIH“ (die Haut) mit Blut und Nährstoffen. Doch nun am Ende des Sommers war es Zeit, die Haut abzustreifen. Denn die großen Kämpfe in der Brunft konnten schon jeden Tag anfangen zu beginnen. Es ging um Weibchen und die Fortpflanzung. Welches Kalb stammt von welchem Hirsch im nächsten Jahr? Wer wird Platzhirsch? Alle Hirsche auf einem Haufen heißen Rudel. Weibchen und Kälber im Sommer und im Herbst kommen die Hirsche noch dazu. (Kleine Hirsche gibt es nicht – entweder sind es Damhirsche oder Rehe und Böcke)

Es ist dann auch egal ob man es weiß oder nicht. Fragen kann man ja allemal ob es einer weiß. Hauptsache man hat Spass an der Beobachtung der Tiere und stört nicht ihr Fressen. Besonders im Winter ist es dann besonders hart.

Ratz hält sich immer in weitem Bogen von den Tieren fern, wo er nicht genau ihre Absichten erahnen kann. Er ist klein, aber geht kein unüberschaubares Risiko ein. Er hat so viele liebe Freunde ohne Gefahr. Mit denen lässt sich immer lustig spielen. Ohne gleich den Schwanz einzubüßen. Der buschige Freund ist sehr wichtig für den kalten Winter in der Baumhöhle. Sonst erfriert der arme, kleine Ratz.

Ratz hatte etwas Merkwürdiges im Spätsommer und Herbst beobachtet. Ein sehr bunter Vogel des Waldes flog zwischen den Bäumen des kleinen See`s im Wald und den Wiesen drum herum ständig wechselnd hin und her. Das wollte Ratz erforschen. So näherte er sich dem Vogel und erkannte, dass er eine Eichel im Schnabel trug. Buddelte er doch ein Loch in die Wiese und tat die Eichel hinein. Plötzlich...eins... zwei... drei... würgte der Vogel noch mehr Eicheln aus dem Schnabel hervor. Alle diese Früchte kamen in das Loch. Ratz fragte den Vogel wozu dies wohl gut sei? „Hey, kam da der scharfe Anruf von dem bunten Vogel. Willst Du mir etwa mein Winterfutter klauen und wegnehmen?“ Schon ging der Federschopf auf dem Kopf des Vogels in die Höhe. „Nein, Nein um Gottes Willen Nein!“ „Ich wollte nur wissen, was Du da machst. Es interessierte mich einfach und erstaunte mich auch!“

„Hallo erst mal. Ich bin Ratz das Frettchen aus diesem Wald und ich habe hier viele Freunde. Aber dich kenne ich nicht. Ich habe dich nur beobachtet. Aber ich bin kein Futterdieb."
„So, So" sagte da der Eichelhäher. „Ich heiße Hans. Als Eichelhäher habe ich die Angewohnheit, Vorräte von Eicheln in dem Boden zu verstecken. Ich bin ganz gut darin, sie im Winter auch wieder zu finden. Aber es gibt auch viele Früchte die dann im Frühjahr gedeihen und neue Bäume werden. Den Förster freut es. Die Vögel und ihre Nester nicht!" „Frisst Du denn Vögel?" fragte Ratz. „Nicht immer aber wenn sich die Gelegenheit dazu ergibt, so ist es halt meine Art. Ich bin auch ein Raben-, Elstern-, und Krähenvogel. Nur bin ich halt nicht schwarz!"
„Am liebsten fresse ich aber Würmer und Schnecken und die langen Dinger, die auf dem Weg rum kriechen Tausendfüßler, Raupen mit

langen Haaren. Rote Wegschnecken, Käfer, Ameisen und sonstige Krabbler des Waldes." „Ratz heißt Du also". „Ja und ich würde mich freuen, wenn wir Freunde sein könnten." „Ich als Frettchen tue dir auch nichts. Denn ich mag es lieber ruhig und sanft in meinem Leben. Außerdem - so sagt man von Dir, bist du ein recht schlauer Vogel, der viel von den Tieren des Waldes wüsste. Es heißt du kannst die Stimmen nachmachen? Und der Jäger würde von dir gefoppt?" „Ja er kann mich nicht leiden, da ich die „Polizei des Waldes" bin und die Tiere warne, wenn jemand kommt. So kommen der Jäger und der Fremde nicht zum Schuss. Die Tiere freuen sich über meine Aufmerksamkeit und vertrauen mir blind. Fressen dann die Hirsche und Rehe Zweige mit Eicheln, so kann ich von den herab fallenden Früchten auch wieder profitieren. Das macht dann die harte Arbeit der Wintervorbereitung etwas angenehmer."

„Du Ratz badest Du auch so gerne wie ich?“ „Es ist heute ein schöner Tag, ich habe viele Eicheln versteckt und die Sonne trocknet einem schnell die Federn. Lass uns zu dem kleinen Teich gehen und uns schnell baden. Gleich hinter dem Rand gibt es eine kleine Wiese, wo man herrlich in der Sonne liegen kann. Die Menschen würden uns dafür beneiden.“ So wackelten sie zum See und stürzten sich in die Fluten am Rand. Herrlich frisch nicht zu kühl und in der Sonne schnell den Pelz sauber trocknend. So konnte man das Leben genießen. Hans hatte noch eine Idee, wo man sehr gut Grillen naschen konnte. Schnell ging`s jetzt zur Bauernwiese am Rande des Waldes. Dort herrschte am Morgen schon reges Treiben. Rehe und Hirsche standen am Rand der Wiese und genossen das frische Gras. Die Autos rasten vorbei zur Arbeit. Alles war ein sanfter Herbstmorgen am Rande des schönen Waldes von Ratz.

Hans und Ratz wurden immer bessere Freunde, je länger sie sich unterhielten. Doch im Wald waren viele Freunde ein Segen für Gefahr oder schlechte Zeiten. „Hans du hast aber sehr schöne bunte Federn“ sagte Ratz. „Da hast Du recht. Der Jäger und Leute die mich nicht so schätzen, stecken sich meine „Häher - Federn“ die Blauen sehr gern an ihren Jägerhut. Ich habe sie lieber auf dem Leib zum fliegen und zum warmhalten.“

„Auch mein Pelz ist mir auf dem Leib lieber, als wenn ich ihn als Mantel an einer schönen Frau sehe!“ so sagte Ratz zu Hans, seinem neuen guten Freund. Beste Freunde könnten sie noch werden.

Jetzt kamen sie überein, sich gleich für den nächsten Tag zu verabreden. Morgens in aller Frühe gegen 5 Uhr sollte die gemeinsame Wanderung zu den Höhlen der Minerale beginnen. Mitten im Wald gab es da Auswaschungen von Kreide und Lehm da zog der Wind aber aus der Erde raus. Kalt und feucht wehte der Hauch des Todes durch die Erdritze. Da gab es Käfer, Schnecken, Würmer im Überfluss. Die eine oder andere Motte könnte man auch noch finden. Ein Fest für die Sinne. Doch die Nacht war noch lang und gefährlich im Wald. Das Rudel der Wölfe hatte sich zur Jagd versammelt und heute Nacht sollte ein großer Hirsch dran glauben. Hans hatte da so etwas gehört. Das könnte eine große Aufregung werden. Ratz wollte unbedingt vorher zu Hause sein. An seinem Baum kroch er schnell hoch, verschanzte sich in seiner Höhle, legte seinen Schwanz vor das Loch und den Rest um sich und schlief bis zum nächsten, frühen Morgen. Tatsächlich gegen 5 Uhr morgens wachte er auf. Schon begann er zum Treffpunkt von Hans und ihm zu rennen. Die Dunkelheit war noch sehr

präsent. Man konnte fast nichts Richtiges erkennen. So duster schien der Morgennebel die Sonne aus zu bremsen.
Aber gegen den Tag ist die Nacht machtlos.
6 Uhr morgens brach das erste, blaue Licht von Osten her heraus aus dem Dunkel der Nacht.
Die Sterne verblassten und das warme Sonnenlicht durchflutete den neuen Tag.
Super für eine Wanderung mit seinem Freund – dachte Ratz. Oder mit noch mehr Freunden?
Vielleicht die Sau und die Ferkel von ...?
Oder andere Freunde von unterwegs?
Ob wohl „Brumm“ Minerale mochte?
Das Gehirn von Ratz glühte geradezu von so vielen, organisatorischen Gedanken. Doch Hans wartete auf ihn. Schon rannte er über die Wege des Waldes, dass es unter seinen Pfoten staubte.
Der Sommer war trocken gewesen. Er freute sich ungeheuer auf den Tag mit „Hans“ dem Eichelhäher, wo man so viel lernen konnte.

Nichts aber auch gar nichts konnte Ratz heute von seiner guten Laune her beeinträchtigen. Hans wartete schon umher hüpfend auf einer Blumenwiese nahe der Straße. Er konnte es nicht lassen, Grillen zu fangen. Im Schatten der großen Nadelbäume kamen sich die großen, fetten Grillen geschützt vor. So sprangen sie umher und achteten nicht auf ihre Fressfeinde.

Hans der Eichelhäher brauchte sie nur noch einzusammeln. Stück für Stück verleibte er sich die Protein - Bomben in den Magen. Dort verliehen sie ihm wieder neue Kraft zum fliegen. Denn der Sommer ging voran und die Eicheln wollten gut verstaut werden, für den ach so kalten Winter. Die Natur wollte auch ihren Teil der Ernte für sich in Anspruch nehmen. Ratz pirschte sich von hinten an Hans heran. Mit einem Satz war er auf Hans gesprungen, dass der sich glatt an der Grille im Maul verschluckte.

Fast erstickend spuckte Hans die Grille aus. „Hey bist Du verrückt geworden? So kostet mich der Happen fast das Leben!“ „Du bist mir ja ein schöner Freund, um unsere kurze Freundschaft so jäh zu beenden. Da braucht man keine Feinde mehr, wenn man solche Freunde hat.“

Doch nun starteten Ratz und Hans ihre Wanderung zu den Hügeln am Rande des Waldes mit den Mineralen. Beide hatten festgestellt, dass es in ihrem Körper eine Menge Stoffe gab, welche durch ihre Wirkung sehr auf das Wohlbefinden einwirken. Diese Minerale sollten ihnen Beiden das Wohlsein zurück bringen. Durch die Eicheln blähte sich der Bauch von Hans manchmal auf. Und Ratz merkte immer öfter, dass ihm so mancher Vogel schwer im Magen lag. Warum wusste er auch nicht! Doch es kam ihm bedenklich vor. Der Doktor des Waldes Herr Waldkauz hatte aber lieber Appetit auf kleine

Frettchen. Nicht auf Beratungsstunden. So wanderten und flogen sie gemeinsam durch den Wald. Nicht ohne von Anderen bemerkt zu werden. Es konnte eben in der Natur schlecht sich jemand durch den Wald schleichen, ohne mit allen Sinnen der anderen Tiere erfasst zu sein. Nach 2 Stunden kamen sie endlich an. Der Bär „Brumm" hatte schon seine Tatze tief in den Schlamm aus Lehm und Mineralen eingetaucht. Er jammerte in den höchsten Tönen von seinem Schmerz. Was war passiert?

„Ich besuchte die Bienen und dachte es wäre schön ruhig. Auf einmal habe ich dummerweise eine Biene zertreten. Schon kamen sie alle an. Gestochen ohne einen Tropfen Honig genascht zu haben, musste ich wieder abziehen. Nun versuche ich die Stiche mit Lehm zu kühlen. Doch was macht ihr Zwei denn hier?" „Wir wollten nach Dir sehen!" „Gehe doch zu Herrn Waldkauz dem Walddoktor und lass dir helfen!"

„So Ratz, damit dann jeder im Wald weiß, was ich für ein dummer Bär bin? Ich weiß ja eh, dass jeder mich für fett und träge hält. Alle sagen schon da hat er aber mal laufen müssen! Das ist nicht so schön. Da ich doch mein Fett für den Schlaf brauche im Winter!" „Brumm" wir halten dich nicht für dumm oder Fett. Sage du uns doch, was die Minerale in dem Schlamm mit unseren Mägen machen. Wir sind ganz Ohr."

„Der Schlamm in dem Magen von uns" so erläuterte Meister Petz" der bindet die Säuren und Gifte unserer Nahrung. So kann verschiedenes Gift aus dem Blut genommen werden. Unser Körper bleibt dann länger gesund. Die Ara`s in Brasilien machen das regelmäßig, weil sie giftige Nahrung zu sich nehmen und der Schlamm ihnen das Pflanzengift wieder entzieht. Kluge Vögel haben dies von anderen Zugvögeln mal gehört und ich habe es aufgeschnappt!"

„Aber Petz“ so sagte Ratz „dann bist Du ja ein ganz schlauer Bär in unserem Wald. Das sollten die anderen Tiere aber auch mitbekommen.“

Ratz dachte so für sich, wie man die Nachrichten verbreiten könnte, doch Petz „Brumm“ wehrte nur ab. Dass er seine Ruhe haben wolle. Hans der Eichelhäher hörte zu und dachte sich so seinen Teil zu den Freundschaften im Wald.

Alle drei Freunde setzten sich in die warme Sonne, erzählten sich schöne Geschichten aus ihrem Leben und hatten einen Mords Spass miteinander. Bis der Abend sich in das Land des Waldes drängte und jeder wieder sich um Nahrung kümmern musste. In der Nacht kam Ratz bei seinem Baum an und kroch in seine Höhle. „HUHUHU“ so hörte er es aus den Zweigen seines Wohnbaumes. Ganz fest zog er seinen Schwanz um seinen Kopf und schlief

sofort fest ein. Der Uhu indes klopfte sich den Staub aus den Federn seiner Flügel, breitete seine Schwingen aus und flog in die Nacht, um sich der Mäusejagd voll und ganz zu widmen. Auch Ratten hatten einen Platz in seinem Speiseplan.
Ratz träumte noch von den unheimlichen Tönen des Vogels über ihm, als auch schon der neue Tag erwachte. Mit Sonne und Wärme zeigte die Natur sich noch einmal von ihrer schönsten Seite. Der Herbst kündigte sich mit kühlen Nächten und mehr Regen als sonst an.

Als Ratz erwachte und den Bau verließ, sah er es mit Schrecken. Der Uhu saß schon wieder in seinem Baum über seiner Höhle und schien zu schlafen. Ein Rattenschwanz hing noch von der Jagd der Nacht aus seinem Schnabel. Doch als Ratz sich traute, den Vogel anzustupsen, da zischte der Vogel aber so unheimlich, dass Ratz den Baum fluchtartig verließ. Rennen um das eigene Leben – hieß jetzt die Devise. Rennen was die Beine hergaben.

Ratz war schon ein mutiges Frettchen, aber was zu viel ist – ist zu viel des Guten.
Jetzt tummelte er sich in seiner Pfütze, um sich den Schlaf aus dem Pelz und dem Gesicht zu waschen. Mit ein paar Würmern im Magen und den Schnecken vom Weg, ließ sich der Tag erst einmal beginnen. Da war doch noch der Honig von den Bienen? Wie war das doch mit den Waben unter dem Baum? Honigtropfen und voller Maden und Jungbienen sollten den Tag versüßen. Hoffentlich hat Ratz von „Brumm" etwas gelernt? Mit den Bienen ist nicht zu spaßen. Doch der kleine Ratz musste noch viel lernen. Jetzt lief er zu dem Baum mit den süßen Versuchungen. Seid ihr Kinder später schlauer als Ratz. Dann erspart ihr Euch seine schmerzhaften

Erfahrungen. Ratz kam gerade an, als er den Schwarm auch schon vernahm. Mit wildem Brummen und Summen stürmten sie auf jeden ein, der sich dem Stock auf 10 Meter näherte. Keine Chance für Ratz. Viele Bienen hatten sich auf Ratz gestürzt und nun ihn auch gestochen. Er kam gar nicht mehr nach, sie mit dem Schwanz abzuwehren. In den Kopf, den Hals, die Füße und sogar unter den Schwanz haben sie ihn gestochen. Welch ein Schmerz an allen Stellen des Körpers. Den Tag sollte er so schnell nicht wieder vergessen. Ratz wusste aber auch, dass er selber daran Schuld hatte, weil er die Warnungen der anderen Tiere ignoriert hatte. Alle hatten es ihm gesagt, mit den Bienen ist nicht zu spaßen. Ratz wollte es besser wissen. Dies war nun der Preis seiner Dummheit. Er verzog sich zum See, um seine Stellen unter dem Schwanz im kühlen Wasser zu kühlen.

Als es gerade besser wurde mit dem kühlen Wasser, sah er im Teich einen großen Fisch auf sich zu schwimmen. Er konnte gerade noch zur Seite springen, ehe der Hecht ihn in seinem Maul davon und unter Wasser gezogen hätte. „Was war denn nur heute für ein Tag!“ Dachte sich Ratz in seinem Schrecken. Und machte sich ganz gemütlich auf, um in seiner Höhle die Schmerzen der Bienenstiche und den Schrecken mit dem Hecht aus seinem Kopf zu verbannen. Gute Nacht Ratz!

Am Nachmittag kam unser Frettchen wieder aus der Höhle gekrochen. Die Stiche waren dick. Der Po tat weh. Hunger quälte Ratz von seinen Erlebnissen. Dank „Brumm“ wusste er, dass Schlamm schneller heilt und kühlt mit der Gewissheit Würmer dort auch noch zu finden. Im Schlamm gab es alles Wichtige für Ratz. Der Tag klang aus und schlich sich davon.

Als Ratz am nächsten Morgen seinen Kopf aus dem Bau steckte, verstand er die Welt nicht mehr. Alles war weiß. Der erste Schnee fiel über Nacht und bedeckte die Erde mit einem Schleier des Todes, wenn man im Sommer nicht für Reserven gesorgt hatte. Von seiner Mutter hatte Ratz gelernt, Überbleibsel des Essens und der Beute zu vergraben, wo es immer schattig oder kühl ist. Im Winter war das einfach. Im Sommer hingegen konnte nur das schnelle Essen den Marder vor Krankheit schützen. Schon musste er sein Hirn anstrengen, um nun an die Reserven des Sommers zu gelangen. Hoffentlich hatte nicht der Fuchs seine Nase in die Vorräte gesteckt? Oder der Marder würde ihm auch liebend gern die Speise weg fressen. Schon hatte er mit wenigen Sätzen und Sprüngen seinen persönlichen Kühlschrank unter einer Eiche gefunden. Ein paar Happen von Grillen und

Käfern sorgte für die Übergangslösung. Es musste schnell eine Nahrungslösung her. Ratz schwebte da ein schöner warmer Platz in der Scheune vor, welcher sich in der Nähe der Menschen befand. Dort gab es Heu und Stroh. Mäuse rannten immer um die Scheune herum. Schon im Sommer gab es einen Andrang auf die Scheune, weil die Schleiereulen im Gebälk brüteten. Im Winter waren die weg. Also ein sicherer Platz. Doch muss erst geprüft werden, ob es da auch im Winter nicht zu kalt ist. Sonst bleibt Ratz halt in seiner Baumhöhle mit Heu und seinen Freunden. Nach dem 5. Käfer hatte Ratz den Mut gehabt, sich auf den Weg zu machen die Scheune zu inspizieren. Also wusste er, was es alles in der Scheune anzusehen gab. Nur keine Überraschungen mit Katzen und Steinmardern. Denn da hatte er als so kleiner Marder keine Chance. Ratzen´s Mut schlich sich mit jedem Schritt in den Keller, je näher er der Scheune kam. Eine Diele auf der Rückseite war locker. Schnell schlüpfte er hindurch. Schon vernahm er ein seltsames Geräusch. Huh. War das ein Uhu? Nein? Ein großer Kauz?

Nein!

Der Wind blies durch die Ritzen des Bretterverschlages und ließ das Gebäude und seine Bewohner schaudern. Auch Gäste wie Ratz hatten auf einmal kein Fell mehr. Kahl und nackt fühlte Ratz sich in diesem Moment. All seine Haare standen aufrecht wie eine Klobürste. Sein Mut war weg. Seine Zunge klebte an seinem Gaumen. Die Schneidezähne schrumpften vor Schlottern seiner kleinen Knie. Raus hier dachte Ratz und rannte davon. Lieber im Baum verhungern, als jede Nacht vor Angst sterben!

So hatte sich der kleine Marder jetzt fest entschlossen im Wald den Winter zu verbringen. In seiner Höhle hatte er einen Hühnerknochen für den Fall der Fälle aufgehoben. Isegrim hatte ihn neulich ausgebuddelt. Den ließ Ratz sich jetzt ganz in Ruhe schmecken. Welch eine Wohltat. Diese Ruhe und der Frieden in seinem Umfeld waren gigantisch. Der Schwarzspecht schaute an der Höhle vorbei, zischend hatte Ratz seinen Anspruch klar gemacht. Der müde Ratz legte seinen Schwanz um seinen Kopf und Körper und ließ den Tag mit Schlaf ausklingen. Doch die Nacht des lauen Mai brachte die Mücken des Winters wieder hervor und schon war es mit der Herrlichkeit der Nachtruhe vorbei. Nur raus aus der Höhle dachte Ratz bei sich, um den Blutsaugern zu entgehen.

In seinem Revier des Waldes hatten die Menschen kleine Tümpel mit viel Geld und Mühe angelegt, um den letzten Froschlurchen und Krötenkaulquappen das Aufwachsen zu erleichtern. Doch als Ratz es einmal im Sommer besuchte, badeten kleine Kinder darin. „Können die Kinder und die Eltern denn nicht mehr lesen?“ dachte Ratz. Ist der erwachsene Mensch schon total verblödet und hat er in der Schule nicht Biologie gehabt? Da heißt es heute, Kinder können von einzelnen Fächern (auch Biologie) als Leistungskurs belegen und dann können sie hinterher nichts von der Natur verstehen. Das ist traurig, da wir alle Kröten und Lurche zum Gleichgewicht der Natur brauchen. Erwachsene: Seid heute aufmerksam der Natur gegenüber, denn sie ist die „ZUKUNFT EURER KINDER“ und der nachfolgenden Generationen. JEDES Tier gehört zu dieser Natur die uns „nährt!“

Ich verstehe manchmal den Ratz und die Menschen nicht mehr. Er schüttelt den Kopf über die Dummheit der erwachsenen Individuen, ich kann es nicht fassen, dass der Mensch nicht mehr von allein auf die Gesetze der Natur kommt. 1930 bis 1960 hätten sich die Menschen alles von der Natur gewünscht in Deutschland. Heute achten sie es nicht, was ihnen geschenkt wird. „Ich sollte die Naturfrevler von Menschen in die Wade beißen" so dachte Ratz bei sich.

Manchmal hilft vielleicht auch nur ein vernünftiges Wort an die Menschen zu richten, aber in der Sprache und Tonart – wie sie es auch verstehen. Da scheint heute das Ohr oft verstopft zu sein. Das lässt sich problemlos ändern. Man muss nur mal wieder richtig durchblasen. Schon hört das „Menschlein" wieder richtig zu.

Ratz wurde wach von einem Ton am Morgen des ersten Herbsttages und erschreckte sich sehr. Ein Brummen und knurren war das da draußen. Es hätte eine Bergziege sein können. Als er den Kopf zu seinem Höhlenloch heraus steckte sah er, wie ein großer Hirsch mit mächtigem Geweih gerade einen anderen Hirsch durch die Büsche schob. Was für ein Kampf tobte denn da am Boden? Der zweite Hirsch unterschied sich aber von seinem Geweih her, nicht besonders von dem Schiebenden. Um was ging es denn da? Ratz wollte stören und fragen. Doch mit Mühe entging er den scharfen Hufen der starken Tiere. Kein guter Platz zum Fragen stellen. Lieber ein wenig warten, bis sich eine Pause ergibt. Doch die Pause ließ lange auf sich warten. Sie kam überhaupt nicht mehr in den nächsten 4 Stunden. Jetzt war es Ratz klar. Die Brunft der Hirsche hatte gerade erst begonnen. Es ging um die Weibchen der Herde und die Zukunft der

Hirschpopulationen. Jeder Hirsch versucht zu so vielen Weibchen zu kommen, wie er in seinem Harem halten kann. Dann paart er sich mit allen und sie bringen ihm die Nachkommen im nächsten Jahr. Mit seinen Genen als Platzhirsch. Das gibt starke Hirsche für die Zukunft des Hirschbestandes. Im Sommer hatten die anderen Hirsche schon versucht den Platzhirsch zu entmachten und im Kampf von seinem „Thron“ zu stoßen. Doch Harald in seinem 7. Jahr strotzte nur so von Kraft und Energie. Sein Geweih hatte die Maße eines Ehebettes und mit seinen 18 Enden hatte es die richtige Größe, um die Konkurrenten zu schockieren. Da konnte einem Angreifer schon die Angst in das Hinterteil – Fell fahren. So herrschte Harald der Platzhirsch ohne viele Worte. Ratz traf ihn einen Tag später beim Fressen. Dort hatte er sich lange mit ihm unterhalten und die Informationen bekommen. Harald roch auch sehr intensiv in dieser Zeit nach seinem eigenen Urin. Mit dem „parfümierte“ er sich selbst. Die Weibchen fanden ihn sehr attraktiv. 25 Hirschkühe hatte er sich eingesammelt. Eine große Aufgabe für Harald. Doch am Abend ging der Zauber der Brunft immer erst richtig los. Da konnte man sich noch ein wenig sonnen. Fressen war in diesen 14 Tagen nicht richtig angesagt. Harald freute sich schon auf den Abend, um den jungen Hirschen das Fürchten zu lehren. Manche glaubten so einfach, Harald mal so einfach aus der Bahn werfen zu können. Einer hatte sich vorgenommen, den Platzhirsch heute von seiner Position zu verdrängen. Ein 20 Ender mit riesen Geweihhälften und sehr starken Lenden. Langsam und bedächtig schaukelte er mit seinem Kopf auf die Lichtung zu, auf der es heute zu dem Kampf des Jahres kommen sollte. Harald störte das alles wenig. Er besah sich den Kandidaten schon von Weitem und stellte seine Schwächen im Schulterbereich fest. Mit dem Angriff des Herausforderers begann eine wilde Schlacht um die Weibchen. Harald wusste bald nicht mehr, wie er dem großen Hirsch widerstehen soll. Da kam Ratz vorbei, sprang dem Hirsch ins Genick und schrie dem Harald in sein Ohr: Er möge ihn doch im Schulterbereich aus den Angeln heben. So könne er den Herausforderer besiegen. Schnell wurde der Angriff neu formiert und Harald stemmte seine Stangen in die Flanken des Angreifers. Mit einer wuchtigen Drehung seines Körpers hebelte er den größeren Hirsch aus und stürzte ihn zu Boden. Der große Hirsch wollte schon wieder aufspringen, als Harald ihn mit seinen Stangen niederdrückte und von ihm verlangte, dass er doch laut seine Niederlage den Weibchen mitteilen möge. So geschah es dann auch. Erst jetzt durfte der große Hirsch aufstehen und flüchtete in großer Hast in den dichten Wald. Die Schmach war zu groß für ihn. Im

Winter lebte er nicht mehr lange, da die Wölfe ihn auf dem Gewissen hatten. Er war halt auch schon etwas älter gewesen. Die Brunft im Herbst fordert immer auch ihren Tribut an die Natur und die Fressfeinde des Waldes. Harald verpaarte sich mit seinen 25 Weibchen im Herbst und im Mai kamen wunderbare neue Hirschkälblein zum Vorschein. Ein Segen für die das Rudel der Wölfe.

Es hat alles seinen Preis. Das Leben wie das Überleben. Der Trieb in einer Gemeinschaft zu leben und sich auch in einer Gemeinschaft weiter zu vermehren ist ein hartes Stück Arbeit. Niemand kann die Natur besser verstehen, als diejenigen Kinder, welche sich in ihren Kindertagen schon mit den Wundern der Natur auseinandersetzen und der Natur lauschen dürfen.

Ja – Eltern, bringt den Kindern wieder bei, den Vögeln zu lauschen, sonst werden EURE Kinder das letzte Lied des letzten Vogels nicht mehr mitbekommen. Der Himmel ist schon 2018 von fliegenden Individuen verschont wie noch nie. Es gab einmal in Deutschland 5 Millionen von fliegenden Staren und ihren Jungen im Herbst. Heute sind es gerade einmal noch 2,5 Millionen Vögel die in Deutschland brüten. Dann brüten sie im Gegenteil von vor 30 Jahren nur noch einmal im Jahr. Ich freue mich inzwischen schon über jeden Star der noch aus dem Süden im Frühling wiederkehrt. Unser Denken gegenüber der Natur muss sich nicht nur den Bienen gegenüber ändern, sondern auch im Allgemeinen in der Betrachtungsweise zu den Vorgängen, die uns langsam aber sicher unseren eigenen Untergang anzeigen. GUTE NACHT MENSCHHEIT!!!

A pro po – Bienen!

Kinder fragt eure Eltern einmal, was die Bienen so alles machen. Hoffentlich können sie euch noch etwas erklären. Frösche und Kröten sind nämlich schon der beste Beweis, dass es bald keine mehr geben wird. Dann hört man nichts mehr in einer lauen Sommernacht von QUAKEN, was uns als Kinder und die Eltern eurer Großeltern noch gehört haben. Nichts tut sich mehr in einem Tümpel wie vor 30 Jahren. Still liegt mancher Teich und See und wenn der Sommer da ist, bewegt sich nicht einmal mehr die Oberfläche, weil alle Kröten und Frösche weg sind. Die anderen Amphibien haben es schwer, sich fortzupflanzen. Da die Chemie und Umweltgifte ihnen die Kraft nimmt, Eier zu legen oder den Fortpfanzungsakt zu vollziehen. Streß in der Natur, zu viele Weibchen und zu wenig Männchen vollführen einen Konkurrenzkampf, wie noch nie in der Menschheitsgeschichte.

Ratz tut sich schwer alles zu begreifen, was in seinem Wald vor sich geht. Er kann die Veränderungen nicht nach vollziehen. Doch er versteht eine Sache. Es muss etwas geschehen. Aus diesem Grund besuchte er einmal die Woche seinen Freund den Dachs. Der Freund versteht die Befürchtungen von Ratz. Doch er kann ihn auch trösten. „Ratz“ sagte der Dachs „glaube mir, in diesem Wald ist soweit alles in Ordnung. Die Natur gleicht immer wieder aus, was wir an Verlust in der Pflanzen oder Tierwelt wahrnehmen. Manche Pflanze verschwindet und dafür kommen seltene Blüten mehr zur Geltung. Der Ausgleich in der Natur ist in Gottes Schöpfungsplan immer mit dabei.“ Ratz machte ein Gesicht, als wenn es gleich regnen würde. All diese Informationen waren zu viel für das kleine Frettchen – Hirn. Aber er war auch beruhigt, denn im nächsten Jahr dachte er daran eine Familie zu gründen. Da braucht es Futter. Er hatte sogar schon eine Dame in seinen Vorstellungen gesehen. Wunderschönes Fell, braune Knopfaugen und ein Schwanz der mit seinen Wedel - Attacken einem den Verstand rauben konnte. Ihr Duft versprach einen großen Nachwuchs zu ermöglichen. Sie wohnte ein wenig abseits der Wege von Ratzen`s Höhle. Ein Schwarzes Männchen schlich schon immer durch die Büsche und hinterließ seine Botschaften. Nur war Ratz noch nicht so weit, seine eigenen Botschaften für die Dame zu hinterlassen. Dies wollte er jetzt sofort ändern. Mit großen Sprüngen sprang er durch die Wiese, näherte sich den Bäumen und spritzte seinen Urin zum „ersten Mal“ auf die Wurzeln des Weibchen Baumes. So sollte sie von seinen Absichten erfahren. Kaum hatte er sein Geschäft beendet, vernahm er ein gefährliches Zischen hinter sich. Das schwarze Männchen stürzte sich auf den armen, kleinen Ratz und verbiss sich in seinen

Rücken. Doch Ratz konnte sich befreien. Beim nächsten Angriff schon nahm er sich die Schnauze des Gegners vor und verbiss sich ebenfalls in sein Gesicht.
Damit hatte der überraschte Angreifer nicht gerechnet. Er zog sich zurück und der Weg für Ratz war frei. Mit kräftigen Tatzen arbeitete er sich am Stamm hoch zur Höhle des Weibchens. Als er seinen Kopf hineinsteckte, wurde ihm schon entgegen gespuckt. `Die Sitten bei den Frettchen scheinen rauh zu sein` dachte Ratz. Aber nach wenigen Minuten beruhigte sich das Weibchen und ließ Ratz zumindest erst einmal in die Höhle kommen. Das war schon einmal ein Erfolg. Liebe braucht Zeit. Das wunderschöne Weibchen fing an, Ratz ausführlich zu beschnuppern. Auch unter dem Schwanz, was Ratz sehr verwunderte. Doch sie sagte es würde sie nur von seinen Qualitäten überzeugen. Anschließend ließ sie Ratz es sich an ihrem Leib

gemütlich machen. Ein Traum wurde für Ratz wahr. Und in der Nacht ließ sie ihn ganz zu sich kommen. Ratz war glücklich. Doch hatte er nicht mit der Hartnäckigkeit des schwarzen Frettchens vom Vormittag gerechnet. Plötzlich hatte sich das schwarze Frettchen in die Höhle geschlichen und der Kampf begann. Doch wurde nicht Ratz aktiv, sondern das schwarze Frettchen wurde von dem jungen Weibchen vertrieben, da es Ratz als „seinen Mann“ gewählt hatte und mit ihm eine Familie gründen wollte. Nach einem verbissenen Kampf und einer wilden Verfolgungsjagd kam das Weibchen wieder in die Höhle und Ratz durfte sich wieder ganz nah zu ihr hin kuscheln. Jetzt beim dritten Mal wurde die Frau von Ratz gewahr, dass sie wahrscheinlich Kinder bekommen würde. Sie war eine sehr kluge Frettchen – Frau. Und Ratz konnte den Traum von der eigenen Familie endlich wahr werden lassen. Welch große Freude erfüllte das Herz von Ratz dem Vater – Frettchen. Doch nun verbot die Dame dem Ratz seine Anwesenheit. Die Höhle musste vorbereitet werden.

Ratz hatte die Aufgabe bekommen, das Revier zu verteidigen und neue Gebiete dazu zu gewinnen. Die Dame von Ratz wollte in einem reichen Revier jagen und nicht immer darben. Für die Jungen sollte genug Milch - durch gute Nahrung zur Verfügung stehen. Ratz war fast nur noch unterwegs und seine Frau hatte ihm verboten von der Höhle und den Vaterfreuden zu erzählen oder gar zu protzen. Der Sicherheit wegen.

Auf Ratz kamen echt schwierige Zeiten zu. Einerseits wollte er mit seinem Weibchen zusammen sein, andererseits sorgte sie dafür, dass er nicht zu lange sich in der Höhle aufhielt. Wo war jetzt die Liebe und die Harmonie von der alle reden? Dies ist eine Erfindung und sogar bei den Menschen recht seltsam. Doch so schreiben die Geschichtsschreiber in den Büchern alter Zeiten, Wunder gibt es immer wieder. Bei den Tieren oder den Menschen. Liebe ist groß!

Ratz kam von seinen Aufgaben kaum noch los. So entschied er sich nach einer Woche, Pause von seinen Pflichten zu machen und den Bär und das Rudel der jungen Wölfe zu besuchen. Soviel war passiert seit dem letzten Besuch. Er hatte sein Weibchen gefunden, er würde Vater werden und in seinem Leben sollte nichts mehr so sein, wie er es gewohnt war sein Leben zu führen. Die Wanderung führte ihn recht schnell am Bienenbaum vorbei. Dort summte es jetzt wie bei einem Brummkreisel. Stiche wollte er sich jetzt nicht holen. Bei den Bächen im hinteren Wald gönnte er sich ein kühles Bad. Oh wie das wohl tat. Die Ruhe, das Wasser und das Bad in der Sonne, um sich den Pelz zu wärmen.

Menschen kamen hier nicht hin. Und die Macht seiner Frau und seinem lieben Weibchen spürte man hier auch nicht. Das war einfach nur schön. Ratz war gerade sehr zufrieden mit sich und der Welt.

Er wollte gerade weiter rennen, als er das Brummen in der Ferne vernahm. Schon hatte er eine Ahnung, wer da sein Näschen in den Wind hielt. Doch er musste vorsichtig sein. Nicht überall war der Wald eingezäunt und die Jäger waren schon sehr auf der Hut, wer denn so im Gebiet herum sein Unwesen trieb. Da gab es gerade genug Anweisungen von den Jagdbehörden. Abschuss und Hege standen sich immer sehr nah. Sehr zum Leidwesen der Tiere, welche sich nicht so wehren können und ihre Haut und ihr Fell dringend brauchen. Nicht immer sind Jäger – die Heger der Natur. Ihre Arbeit wird oft von den oberen Behörden bestimmt. Anweisungen von Schreibtischtätern sind da keine Seltenheit. Die Behördler sollten den Wald ein um das andere Mal öfter aufsuchen, um ihn überhaupt zu verstehen. Doch Forstwirtschaft studieren, heißt in erster Linie, wie viel Holz - mit wie viel Geld - kommt aus dem Wald. Die Schweden wird es freuen, wenn Deutschland ihnen für die Schränke billiges Sperrholz zur Verfügung stellt.

Ratz indes rannte dem Brummen hinterher.

Dort hinten bei den Ameisenhügeln fand er dann seine Freundin - die Bärin und ihre Kinder. Die wollten auch gleich spielen. Sie boten Ratz an, mit ihnen zu tollen. Dafür sollte er aber auf den Rücken eines der Tiere klettern. Das war für Ratz eine große Herausforderung. Schließlich ging die wilde Hatz aber doch los. So schnell war Ratz in seinem Leben noch nie unterwegs gewesen. Mit seinen kurzen Beinchen und dem typischen Marder wippenden Gang, konnte man einfach nicht schnell rennen und keine großen Strecken hinter sich bringen. Frettchen sind deshalb auch Standorttreu. Warum sich die Beine ablaufen, wenn doch alles an Nahrung um die Ecke wächst und steht.

Gleich neben der Höhle und dem Baum von Ratz und seiner Gefährtin hatte sich schon vor langer Zeit eine Mäusefamilie eingenistet. Die lebte dort seit 10 Jahren unter dem Baum in Frieden. Doch als Ratz dort seine Höhle fand, entdeckte er auch die Mäuseburg. Was für ein Fest, wenn er das Eine oder Andere Mausetier im Winter erwischen konnte. Den Rest besorgte dann sein Freund der UHU im Winter. Der jagte ja bis zu 30 cm tief im Schnee. Nur um der Mäuse Willen. Ratz bekam manchmal eine ab. So ist das halt unter Freunden. Ratz war stolz darauf, so einen mächtigen Vogel seinen FREUND zu nennen. Es ist besser – als so einen großen Vogel zum Fressfeind zu haben!!! Ratz hatte Glück in seinem Wald. Er war beliebt. Hatte viele Freunde und Kameraden und sein Rat war von vielen Tieren geschätzt. Und dies nur, weil er sehr viel im Wald herum kam.

Auch der schönste Ausflug hat ein Ende wie der längste Weg. So musste sich Ratz wieder auf den Heimweg machen. In der Höhle erwartete ihn sein Weibchen. Sie war nicht böse mit ihm. Nein sie konnte ihn verstehen. Ihre miese Laune hatte Ratz vertrieben. Dafür entschuldigte sie sich sogar bei ihm. Er durfte sich an ihren Bauch kuscheln und konnte die Jungen im Leib schon strampeln spüren. In circa 3 Wochen sollte es soweit sein, dass die Jungen geboren würden. Ratz war sehr nervös. Denn er wusste jetzt schon, seine Aufgabe wäre den jungen Ratz - Frettchen die Natur nahe zu bringen. Auch das Leben ihnen nahe zu bringen ist eine sehr verantwortungsvolle Aufgabe. Wie ein junger

Vater hüpfte er in der Höhle herum. Krabbelte an den Wänden hoch und ließ sich wieder fallen. Das Weibchen verzweifelte fasst an den Eskapaden ihres Mannes. Doch eines Tages wurde Ratz zu einem Held. Wie?
Nun dann lest weiter...

Ratz ist ein Frettchen durch und durch und frech noch dazu. Doch er würde nie einem Freund schaden, sondern ihn nur unterstützen. Doch kann auch eine Unterstützung, lebensgefährlich sein!

Es war so zwei Wochen vor dem Termin, dass Ratz Vater werden sollte, als ein Freund bei seinem Baum am Stamm kratzte. Ziemlich aufgelöst war der Freund und konnte kaum sprechen, als Ratz ihn nach seinen Sorgen fragte. Es war der Fuchs aus dem anderen Teil des Waldes, wo der junge Bär und die Wölfe ihr

Zuhause hatten. „DER WALD BRENNT!“ schrie der Fuchs mit allen Sinne die er noch beisammen hatte. Seine Fähe wäre schon aus dem Wald geflüchtet und die Jungen können noch nicht so weit laufen. Die Höhle ist durch die Wassermassen der Menschen instabil geworden. Überall würden Menschen herum rennen und mit Wasser spritzen. Der Fuchs und seine Frau können dort gerade gar nichts tun. Ratz war sofort dabei dem Fuchs zu helfen. Ein kleiner Eingang ist noch begehbar. Dort wollte Ratz versuchen, die Jungen heraus zu holen. Brandgase würden sich ziemlich schnell am Waldboden verbreiten. Es dauerte doch eine Viertelstunde bis sie an der Höhle an kamen. Ratz konnte die jungen Füchse in der Höhle jammern hören. Die Menschen kamen immer näher, da der Boden anfing innerlich zu brennen. Den Hintereingang konnte Ratz nicht mehr passieren. Jetzt musste der Fuchs seinen

Geheimgang preisgeben. Hinter einem Brombeer-Gestrüpp verborgen, lag noch ein kleines Loch, dessen Ende in der Höhle mit den Jungen endete.
Dort hinein kroch nun der arme Ratz zu den jungen Füchsen. Schon bei den ersten Schritten der Höhle roch Ratz das tödliche Gas von dem Waldbrand. Er erreichte die Jungen gerade noch rechtzeitig, um ein anderes Loch der Höhle zu erweitern. So konnte neue Luft und Sauerstoff in die Höhle gelangen. Mit Hilfe des Fuchses schleppten sie ein Rohr zu dem Bau. Die Waldarbeiter hatten es bei Drainagearbeiten im Wald vor Jahren vergessen. Auf den Wiesen der Menschen konnte Ratz beobachten, wie sie es in den Boden schoben. Und dann kam da Wasser raus, obwohl es nicht regnete. „So muss das mit Luft auch klappen“ dachte Ratz. Das Rohr war leicht und aus Plastik. Gut so kann ich es tragen.

Herr Fuchs stand ziemlich ratlos daneben. Ratz trat ihm auf die Füße, damit er mit anpackte. Schon schob er mit dem Maul das Rohr in die Höhle und die Jungen konnten so durch das Plasterohr die verrauchte Höhle verlassen. Das war eine Arbeit. Ratz musste jedem Kleinen sehr gut zureden, den Weg durch das Rohr zu gehen. Sie waren ja noch nicht ans Licht raus gekommen. Tapfer machten alle mit und nach 30 Minuten waren sie in Sicherheit. 20 Minuten später drehte der Wind und das Feuer holte sich den Platz, wo die Jungen und die Füchse zu Hause waren. Die Menschen hatten dort aber eine Chance gehabt das Feuer zu stoppen, durch eine Brandschneise. Ein Forstweg und eine Bachbarriere boten dem Feuer einen Widerstand. So war der Wald nicht ganz verloren. Der Regen am Nachmittag erledigte den Rest der Flammen. Alle Tiere im Wald hatten von der Heldentat von „Ratz dem Retter" gehört.

Jetzt kamen alle zu seiner Höhle und zu seinem Baum, um dem Held des Tages ihre Anerkennung zu machen. Seine Frau von Ratz „Elise“ – wurde immer stolzer auf ihren Mann, dem sie so viel Mut gar nicht zugetraut hatte. `Was für ein Frettchen und solche Kinder werde ich haben`. So dachte Elise stolz und schlief ein, da die Jungen schon wieder in ihrem Bauch herum traten. Das schmerzte mehr als sie es erwartet hatte. Noch konnte die Zeit der Geburt nicht heran sein. Dazu fehlten noch 10 Tage. Die Rätzin merkte jedoch in jeder Minute ihres Tages die Umstellung ihres Körpers, um für die Kleinen da zu sein. Die Natur bereitete eine neue Generation vor.

Oder haben SIE schon einmal ganz viele Frettchen auf einem Haufen gesehen?
Alles hat seine Zeit!

Nach diesen Zeiten des großen Waldbrandes machte Ratz sich Sorgen für den Wald. Doch wie es scheint. So hat der Wald eine Verjüngungskur erlebt. Kaum 14 Tage später und dem großen Regen sprießte neues Gras in den Flächen der schwarzen Erde. Und um der Zukunft vor zu greifen, 2 Jahre später standen junge Bäume herum und wuchsen und gediehen prächtig. Sie hatten Licht, Wärme und Sonne im Übermaß. Der Dünger kam von der Asche des Brandes. Eine Regeneration des Waldes geschah von ganz allein. Der Mensch musste nicht eingreifen. Sogar die Höhle des Fuchses konnte nach wenigen Tagen des Lüftens wieder bezogen werden. Ein bisschen graben und es war wieder so schön wie zuvor. Büsche in der Umgebung. Brombeeren an den Eingängen und das Gras frisch für die Höhlenpolsterung. Die Jungen sollten es ja warm und gemütlich haben.

An den Brand erinnerte nur noch die schwarze Erde. Doch ein Bild ist Ratz im Gedächtnis geblieben. Es war der Anblick eines Nadelbaumes, welcher sich bei dem Brand von unten her entzündete. Das Feuer griff in der Kiefer vom Stamm, über die Rinde schnell in die Krone über. In Sekundenschnelle waren die Flammen oben angekommen. Es war so, als tanzte der Feuersturm kurz über die Zweige. Man hätte es nicht stoppen können. Doch der Wind war gnädig und schürte das Feuer in diesem Moment nicht noch schneller an. Die Menschen mit den Schläuchen konnten dann schnell den Rest erledigen, ehe es der Hauch des Abends noch weiter in den Wald getragen hätte. So etwas hatte Ratz in seinem Leben noch nicht gesehen. Ehrlich gesagt wollte er sowas auch nicht mehr erleben. Die Angst saß ihm im Genick. Denn seine Höhle mit Frau und Kindern war auch in einer Kiefer untergebracht.

Doch die Zeit heilt alle Wunden. Nach wenigen Jahren war vom Brand nur frisches Grün übrig geblieben. Die Wiesen im Wald hatten sogar seit dem Feuer ein viel frischeres und dickeres Gras, welches für die Tiere nahrhafter den Bedarf deckte. Die Asche des Waldes düngte fantastisch die Flächen. Auch der Förster war begeistert von den Möglichkeiten der Natur sich neu aufzustellen. Das hätte er so nicht erwartet. Mit Sämereien aus den Gärtnereien des Umlandes wurde der Bewuchs noch gefördert. Bienen kamen verstärkt in den Wald und lieferten nachhaltigeren Honig. Das Gras wurde im Sommer duftendes Heu, welches den Hirschen gerade im Winter eine gute Ergänzung zum harten Gras darstellte. Es war nur herrlich anzusehen. Ratz erfreute sich von Tag zu Tag. Auch für den Nachwuchs wurde es eine herrliche Zeit. In den blühenden Blumen des „neuen Grases“ fanden sich vermehrt neue Insekten an.

Grashüpfer und Wildbienen wechselten sich mit bunten Schmetterlingen ab. Hummeln zogen auf die Wiesen im Wald und die Löcher verbrannter Bäume gaben Höhlen frei, von denen selbst die Tiere des Waldes nichts geahnt hätten. Allen war gedient. Doch Ratz hatte eine schwere Zeit vor sich. Seine Kinder wollten auf die Welt drängen. Sein Weibchen brachte „Eines um das Andere“ hervor. Die Schmerzen zerrten an den Nerven des jungen Frettchen – Weibchens. Nicht alle Jungen hatten den Weg in das Leben geschafft. Ratz musste seinem Weibchen sagen, dass 2 von 8 Jungen tot auf die Welt kamen. Er hatte sie aber schon bei der Geburt aus der Höhle geschafft. Unverhofft kamen nach einer Stunde der Pause aber noch zwei Junge mit einer Nachwehe an. Die magische „8“ war wieder vollendet. Ratz konnte sein Glück kaum fassen. Jetzt war er stolzer Vater von 8 Frettchen!!!

Schon kamen die ersten Schwierigkeiten. So viele Junge wollten ordentlich Milch trinken. Das Weibchen brauchte sehr viele Mäuse, um den Milchbedarf zu decken. Auch hier war es so, dass durch das Feuer viele Mäuse nicht überlebt hatten. Ratz musste sie nur noch einsammeln. Die Zeiten für den Hunger seiner Frau konnten dadurch kurz gehalten werden. Mit jedem Schluck so dachte sich Ratz wuchsen seine Kinder schneller und schneller. Doch es war nur seine Ungeduld. Er wollte doch schon bald mit ihnen im grünen Gras tollen. Seine Frau holte ihn wieder aus seiner Traumwelt und schickte ihn zur Jagd. Er verfolgte alle Mäuse mit großer Effizienz. Schnell versuchte er sich in den Gärten der Menschen mit Obst den Speisezettel zu erweitern. Was er nicht wusste? Dort gab es auch Fallen für Marder und Füchse. Nicht jeder Mensch mag Diebe von Früchten und Beeren in seinem Garten.

In vielen Köpfen auf dem Land gibt es auch heute noch einen gewissen Aberglauben was die Natur und ihre Bewohner betrifft. Da gibt es Käuze als „Totenvögel“, Käfer die den nahen Tod eines Verwandten ankündigen und Wesen der Schattenwelt, welche für Verwirrung sorgen.
Dies ist aber nur dem Aberglauben der alten Zeit geschuldet. Nichts davon stimmt heute noch.
Doch früher als noch Käuze verfolgt wurden, wussten die Menschen nicht: Die Kerzen für die Toten lockten die Motten an. Der Raufußkauz wollte die Motten und die Fenster standen offen wegen des Totengeruchs. So kam der Kauz in den Ruf die Menschen zu holen und Bote des Todes zu sein. Doch wollte nur die Käfer, welche von dem Menschen angezogen wurden, der sein Leben beendet hatte. Das ist heute nicht mehr so und Käuze sind auch selten geworden. Man muss sie heute schützen, um sie nicht auf die ROTE LISTE setzen zu müssen.

Dramatisch ist zu beobachten, wie sich die Natur verändert hat, zu den Zeiten von vor 40 Jahren.

(Selbst ich: Muss zusehen – wie es der Natur schlechter geht, Vögel sich nimmer vermehren, Pflanzen verschwinden und Generationen von Kindern sehen oder hören kaum noch einen Grasfrosch oder kennen ihn. Wir haben noch mit ihnen auf Grund der Mengen ganz vorsichtig gespielt. Ansehen und lernen war die Devise. Heute gibt es kaum noch Grasfrösche oder Lurche. Still ist die Natur geworden zu den Sommern der „frühen Siebziger")

Wir Menschen müssen anfangen aufzupassen, dass die Welt und Erde nicht vor unserer Haustür weg stirbt!!! Eine Schwalbe macht heute schon einen Sommer. Früher hieß es – eine Schwalbe macht noch keinen Sommer (Sprichwort).

Ratz jagte schon wieder einer Maus hinterher in Ihren Bau und Gang. Da plötzlich kam ihm ein Maulwurf entgegen. Sowas hatte er noch nicht gesehen. Der Maulwurf „Pauli“ schubste ihn mit seiner Nase einfach vor sich her. Bis er wieder draußen war. „Hey so geht das aber nicht“ rief Ratz. Da kam der Maulwurf auf ihn zu. Drückte seine Nase in das Fell von Ratz und schlich sich von dannen. Ratz war sprachlos. Doch so konnte er sich gleich der nächsten Beute widmen. Immer und immer wieder musste er am Tag die Mäuse zu seiner Frau schleppen und den Baum hoch tragen. Was für eine Arbeit. Die Jungen gediehen indes zu einer schönen Größe. Bald schon würden sie die Augen öffnen und die Welt selbst in Augenschein nehmen. Ihr Fell wurde jetzt schon von einem weichen Flaum überzogen und die Kälte der Nacht in der Höhle störte sie nicht mehr.

Nach drei weiteren Wochen krabbelten die Jungen in der Höhle zum ersten Mal die Wände hoch. Ihr Blick ging durch das Loch in die Freiheit. „Papa was ist da draußen los?“ wollten sie wissen. Er sagte ihnen zu, bald mehr von der Welt und Erde zu zeigen. Noch waren sie zu schwach vom Körper her, ihren Leib auch wieder in das Loch und die Höhle zu schaffen. Der Ansatz des Willens zum puren Leben ist nun schon da. Ratz erzählte nun jeden Abend den „Kleinen“, was sie da draußen erwartet. Von den Blumen, den Wiesen und Vögeln, sowie den anderen Tieren im Wald mit ihren Kleinen. Aufmerksam hörten alle seine Kinder zu.

Doch Ratz machte ihnen auch klar, dass es Tiere gibt, die ein Frettchen zum Fressen gern haben. Mit diesen Tieren sollten seine Jungen lieber nicht spielen. „Wildschweine“ so sagte Ratz zu seinen Kindern oft „tun zwar so dumm und harmlos, doch ich werde euch im Winter zeigen, wie kräftig sie sind, wenn sie um die Weibchen kämpfen. Dann fliegen ganze Schweine durch die Luft, weil sie sich einhaken und aushebeln. Das macht Spass aus der Ferne zu zusehen.“ Ratz war ein gütiger Vater, mit der Geduld einer Allgäuer Milchkuh, damit seine Nachkommenschaft gut in das Leben starten konnte. Elise – hingegen war von Traurigkeit geprägt. Sie spürte die Tage und die Zeit kommen, wenn die Jungen schneller aus der Höhle weggehen, als sich Ratz das vorstellen konnte. Er wollte an diese Stunden nicht denken, oder es war ihm selber nicht bewusst. Für ihn gab es nur die Zeit mit seinen Kindern, dem Toben und Lachen unten auf der Wiese um den Baum herum. Jetzt sollten sie auch seine Freunde kennen lernen. Mit jedem Tag konnten sie die freie Natur mehr erfahren und erahnen, dass es dahinten einen höheren Horizont gab. Die Neugierde auf das Leben machte sich breit, wie die Pubertät bei Menschenkindern.

Nichts aber auch gar nichts konnte sie nun nach acht Wochen aufhalten als Gruppe selbst den Wald zu erkunden. Ratz war nicht da und Elise sorgte für sich selbst. Da geschah es, dass die Jungen sich aufmachten die Welt mit „IHREN" Augen zu erkunden. Alle 8 jungen rannten die Höhle verlassend den Stamm hinunter und verschwanden im hohen Gras. Sie hatten das Ziel den Bären am Ende des Waldes mit seinen Jungen zu besuchen. Eine lebensgefährliche Angelegenheit, wenn Ratz nicht dabei war. Sie wollten doch nur spielen. Zum Glück machten sie nicht den Fehler, denen welchen sie begegneten „nicht" zu erzählen, was sie vorhatten. Alle Tiere des Waldes liebten Ratz und auch seine Kinder. Schon funktionierte der Buschfunk und Ratz hetzte hinter der Gruppe seiner Kinder nach, um ein größeres Unglück zu vermeiden. Die Bärin hatte noch nicht so viele Erfahrungen und ein Happen Frettchen kam da gerade recht.

Er rannte und rannte bis er plötzlich Lachen hörte. Auch ein Schrei war dabei....
Nichts konnten die kleinen Füße von Ratz jetzt mehr stoppen. Die Sohlen brannten und die Kehle schloss sich zu. Und dann...?

Auf der Wiese tollten zwei Bärenkinder mit acht Frettchen um die Wette über die Wiese. Was machte dies möglich?

Der Specht und der Eichelhäher hatten die ganze Zeit die Gruppe verfolgt. Vor dem Eintreffen sagten sie der Bärin Bescheid, dass die Jungen von Ratz im Anmarsch wären. Beide - Bärin und Ratz schauten sich lange an. Dann rannte der Ratz in die Arme seiner Bären Freundin und lachte. Was für eine Aufregung! Ratz nahm sich jedes seiner Jungen vor und es gab ein paar Klapse auf den Po. Vor lauter Freude sie lebend vorzufinden. Ratz bekam schon graue Haare im

Fell vor Aufregung mit den „lieben Kleinen"! Und doch war er nur ein ganz normaler Papa mit den Sorgen, um seine Kinder allein auf der Welt. Manchmal braucht die Liebe für eine Frau oder auch die Kinder - eine ganz zarte Stimulierung der Freude und des Glückes. Elise hatte am Abend alle Hände voll zu tun, die Jungen „Wilden" zu beruhigen und die Nacht zu überstehen. Drei wollten diese Nacht draußen schlafen wie die „Großen". Doch in der Nacht um 3 Uhr morgens, schlichen sie in die Höhle wo es warm war. Niemand sollte erkennen, dass sie Schiss gehabt haben, vor den Geräuschen einer ungewöhnlichen Sommernacht. So endete das erste Abenteuer der 8 Frettchen mit viel Aufregung in einem entspannten Schlaf und Traum. Jedes war aufgewühlt und doch glücklich über so viel Mut. Denn WUT hatte sie in den Tagen davor sehr böse reagieren lassen.

Ratz hatte sie sich vor dem Baum in einer Gruppe setzen lassen. Dann hatten alle ihre Meinung gesagt: Ratz sagte zu ihnen: „Dreht Eure WUT um, dann werdet ihr das wahre Glück erkennen, wenn es soweit ist an einem besonderen Tag!“ Heute war dieser Tag und die Kinder von Ratz hatten es begriffen und den M U T zu ihrem Freund gemacht. Dieser sollte sie nun nie mehr verlassen. Denn Mut war etwas, was diese Welt von ihnen in einem Maße verlangte, welches fast nicht zu stemmen war. Noch waren sie klein. Niemand wollte etwas von ihnen oder gab an, in welche Richtung sie sich bewegen sollten. Sie waren frei. Freiheit hat auch immer einen hohen Preis. Egal ob nun als Frettchen im Wald oder ob ein Mensch sich entschließen muss, etwas zu tun was er nicht tun möchte. Es sollte sich immer um seine Freiheit drehen. Niemals sollte man sich verbiegen, nur um ein Ziel scheinbar zu erreichen. Es wird immer jemand da sein, der besser ist als man selbst oder ein anderer Frettchen-Vater. Bei sich selbst bleiben ist immer der beste Ratgeber. Prüfe mit dem Herzen alle Taten ehe du sie tust. Dann wird das Herz dir die rechte Antwort geben. Nichts ist so beständig wie die Unbeständigkeit.

Ratz saß mit seinen Kindern unten. Plötzlich fingen die Jungen an und spielten auf der Wiese. Als seine Frau aus dem Baum heraus gekrabbelt kam und ihn vor sich her trieb, wunderte sich Ratz. Doch immer tiefer trieb die Frettchen-Dame ihren Mann in das hohe Gras am Rande der Wiese und des Waldes. Dort wollte sie mit ihrem lieben Mann einige Minuten der Ruhe allein genießen. Seit Wochen standen nur die Kleinen im Vordergrund ihres Lebens. Jetzt genossen sie die Ungestörtheit eines schönen Sommertages. Die Jungen hatten so viel zu rennen, dass sie den Weggang der Eltern gar nicht bemerkt hatten. Nach einer Stunde erst gaben sich die Eltern wieder zu erkennen, dass sie überhaupt noch da waren. Fragen gab es da keine. Doch wundern taten sich die Frettchen Robert und Kathy schon, was denn die Eltern so lange in der Wiese gemacht hätten. Aber manchmal ist eben die Frage ein Problem. Dann stellt man sie eben einfach nicht.

Eine Woche später sollte es sich zeigen, dass die „Kleinen“ keine Jungen mehr waren. Andere Junge von einer anderen Frettchen-Clan-Familie zeigte sich auf der Lichtung des Ratz Baumes. Sofort gingen die 8 Frettchen in die Angriffsstellung. Zeigten ihre Zähne und fletschten ihr Gebiss. Die Krallen hatten sie schon in den Wochen ihres Aufwachsens tüchtig an dem Rindenbaum gewetzt. Doch Ratz beruhigte sie und zeigte ihnen erst einmal wie es mit Gesten besser geht.

Nach einer halben Stunde spielten nicht mehr 8 Frettchen, sondern 14 Junge mit vollem Chaos „Rennen um die Wette!“ Bei so viel Auswahl des Verfolgers vergingen die Stunden im Flug. Erst am Nachmittag gegen 15 Uhr hatten die Jungen das Gefühl Trinken und Essen wäre schön. Da die Eltern alle zusammen gekommen waren und den Jungen zu geschaut hatten, konnten sie gemeinsam das Essen für die Kleinen planen. Jetzt war erst einmal Ruhe angesagt. Alle Mäuler waren mit allerlei Speis gefüllt und frisches Quellwasser gab es am Waldrand aus dem direkten Zufluss. So klar, kühl und nass konnte der Sommer sich gar nicht besser präsentieren. Es war eine gute Zeit. Schön das Wetter, die Sonne schien den ganzen Tag und in den Wiesen sprangen die Grillen umher. Man könnte als Frettchen meinen, es wäre schon das Paradies.

Im Herbst hingegen zeigte sich das Wetter von einer anderen Seite. Regen und Nässe konnten den Frettchen schon gefährlich werden. Unsere Frettchen waren da aber von einem anderen Schlag. Sie tobten sich Muskeln an. Balgten sich mit den neuen Freunden jeden Tag und sprangen durch den Wald mit allen Kindern aller Freunde. Ratz und seine Kinder waren nebst Frau sehr beliebt. Überall in den Gebieten des Waldes kannte man den „RATZ“. So sehr wurde er für seine freundliche, offene Art geschätzt. Nach dem Brand wurde er Held. Für die Zukunft konnte so ein Helfer im Wald auch nützlich sein. Sollte es im Wald im Winter zu einem Streit kommen, könnte das den Bestand der Tiere sehr schwächen und gefährden. Denn der Friede unter den Tieren sorgte für die notwendige Harmonie im Wald auch unter Berücksichtigung der Nahrungsquellen. Wölfe, die Bären, Füchse alles wollte sich auch im Winter richtig satt fressen. Da galt es im Sommer gut hinzuschauen, wer der „Nächste“ im Winter wäre. Fressen und gefressen werden ist das alte Gesetz der Natur.

Schon bald nach den letzten, warmen Sommertagen wurde es trüb im Wald. Der Nebel zeigte sich immer öfter und die Bäume färbten sich rot und in den Farben des Herbstes.
Bunt glänzten die Blätter in allen Farben und die Früchte an den Bäumen luden zum Schmausen ein. Die Menschen hatten in den Jahren zuvor Obstbäume auf Lichtungen gepflanzt, um für den Winter gute Früchte zu haben oder auch den Tieren und Vögeln insbesondere im Winter zusätzliche Kost anzubieten. Der Wald und die Tiere darin - lagen den Menschen in den Dörfern herum sehr am Herzen. Wo findet man das so noch? Gar nicht mehr! Alles ist dem Profit untergeordnet.

Holz für Schweden oder den Baumarkt. Restholz wird sich selbst überlassen und die Borkenkäfer haben leichtes Spiel. Alles muss Geld abwerfen. Sonst ist es unrentabel. Doch VORSICHT! Genauso werden wir eines schönen Tages auch unrentabel sein. Die Schlange beißt sich in den Schwanz. Und niemand kann dies ändern. Es bedarf eines Erwachens der Tiere im Wald. Nach den Tieren müssen die Menschen und Ratz sich neu aufstellen, um der Rationalisierung und der Digitalisierung zu entgehen. Man kann auch Bäume digital unter Glas aufziehen. Dann braucht es keinen Wald mehr. Der Weihnachtsbaum nicht von der Plantage, sondern aus dem Gewächshaus. Was glaubt ihr Erwachsenen, warum es schon Kolonie - Leben unter Glas gibt? Nur für den Mars? Oder um sich Elite- Überleben zu sichern? „Biosphäre 2“ ist kein Spass, sondern realer Ernst der schief gegangen ist. Wir wollen Ratz im Wald sehen und nicht hinter Glas wie im Zoo.

<u>**Merken sie sich eine wichtige Erkenntnis:**</u>
Ohne Bienen gibt es keine Menschheit mehr und den Mensch kann die Natur nach ihm locker überleben. „Nur der Mensch braucht die Natur!“

Ratz hatte schon wieder ganz andere Probleme. Seine Kinder wollten jetzt große Wanderungen unternehmen. Am liebsten mit all ihren Freunden und auch zu den Wiesen und Äckern der Menschen hin. Na prima! Da ziehst Du dein ganzes Leben deine Kinder groß und kaum können sie weiter als bis zur Brust der Mutter krabbeln, machen sie alle Fehler die DU ihnen ersparen wolltest. Dankbare Elternzeit!
Aber Ratz und Elise hatten da eine andere Idee. Sie verabredeten sich mit den Eltern der Freunde ihrer Kinder und bauten ein kommunikatives

Informationsnetz auf. Das heißt, immer wenn die Kinder an den „Posten“ vorbei kämen, würde eine Nachricht an Ratz geliefert werden. Oder Eltern vor Ort könnten den Zug der Wanderer stoppen, ehe es zur Katastrophe käme. Dazu müsstest du aber viele Freunde im Wald haben. Ratz hatte alle Möglichkeiten - so ein Netz aufzubauen. Manchmal kann Held sein so toll sein. Aber immer mehr Helden wollen lieber kein Held mehr sein, sondern ihr Leben wieder unerkannt genießen. Ruhm frisst den Träger auf! Das gilt für Frettchen oder auch für „V.I.P. Menschen“ gleichermaßen. Alles wird dann nur noch oberflächlich betrachtet und bewertet. Ratz war ein freies Frettchen und seine Kinder sollten dies auch werden. Dann musste eben das Wissen über die Gefahren durch den Menschen oder Tiere schneller in die Köpfe der Jungen hinein. Und das „alte Denken“ des „Erfahrungen sammeln während des Lebens“ musste at Acta gelegt werden. Auch die Natur muss sich einem schnelleren Zeitgeist unterwerfen. Ratz wurde ja auch nicht jünger. Jetzt nach der ersten Elternzeit war sein Fell schon ziemlich am Schwanz angegraut. Doch Elise plante schon wieder Junge mit ihm zu haben. Jetzt schon kramte sie wieder Heu in die Höhle deren Bewohner sie für ausgemustert erklärt hatte. Kaum war Ratz wieder zu Hause, schon kam seine Frau Elise und bot ihm Leckereien an. Mit Zärtlichkeiten und Liebkosungen versuchte sie ihn in Stimmung zu bekommen. Doch Ratz war noch von den ersten Kindern ganz geschafft. Seine Frau hingegen merkte nun schon seit 4 Wochen, wie der neue Trieb sich zu vermehren in ihr sich immer mehr ausbreitete. Man wird ja auch nicht jünger. So dachte wahrscheinlich Elise. Die Jungen stürmten wieder in den Bau und wollten nur herum tollen. Elise warf sie hinaus. Der Bau und das Nest ihrer Kindheit ist fortan tabu. „Geht zu euren Freunden und spielt mit Denen. Aber lasst in Zukunft meine Höhle in Ruhe!“ So warf sie die Jungen hinaus und gab sie in ihre Freiheit des eigenen Lebens. Eine neue Erfahrung macht auch Angst. Die jungen Frettchen versammelten sich unter ihrem „Baum des Elternhauses“ und weinten vor sich hin. Ratz hörte sie und begab sich flugs zu ihnen. Mit den Jungen ging er auf die große Wiese im Wald. Dort tollten sie den Vormittag und auch den ganzen Nachmittag umher. Ratz wollte ihnen so die Traurigkeit der Trennung nehmen. Er hatte schon in den Tagen zuvor einen Baum mit großer Höhle entdeckt. Dort konnten seine Jungen die Nacht und den Winter verbringen. Ein bisschen in der Nähe und doch weit genug von der Höhle und dem zu erwartenden Nachwuchs entfernt. Ratz war stolz über seine Entdeckung. Doch Elise warnte ihn. Seine Kinder sollen sie ja nicht bei der Aufzucht der „ neuen Jungen“ stören. Wie eine Furie hüpfte sie in der alten Höhle herum. Ratz konnte sie kaum beruhigen. Doch der alte Trieb der Liebe zu seiner Frau half beiden „Frettchen – Seelen“ wider in Einklang zu kommen. So kümmerten sie sich doch erst einmal um die Fortpflanzung ihrer Art. Der erste Schnee war in der Nacht gefallen und tauchte den Wald von Ratz und seinen Freunden in ein magisches Licht von Kälte und Raureif. Die Frettchen in ihrer neuen Höhle fanden den Schnee toll. Sie balgten sich den ganzen Tag ohne an fressen und schlafen zu denken. Am Abend dann überkam sie Müdigkeit und großer Hunger. Doch der Weg zur alten Höhle war versperrt. Ja – Erwachsen zu sein ist eine schwere Aufgabe und nichts für Feiglinge.

Der Bär hatte gehört, dass es bei den Frettchen sauber gescheppert hatte, die Jungen rausgeflogen wären und sich nun eine Katastrophe anbahnen würde. Doch dies war nur eine übertriebene Geschichte. Als er bei den Frettchen ankam, sah er sie sitzen und genüsslich an den Resten einer Bienenwabe lecken. „Wo habt ihr die Wabe her?“ Der Specht hatte sich Zugriff zu den Bienenstöcken gehackt und den Frettchen, welche unter dem Baum warteten einen Bissen zugeworfen. Jeder im Wald wollte den Frettchen helfen - Erwachsen zu werden. Ratz durfte nur nichts von der Hilfe erfahren, da er wusste wie schnell sie verwöhnt würden. Sie sollten jagen und fischen lernen und nicht von den Resten der Tische anderer Gesellen sich ernähren. Wo kämen wir denn da hin? Was sollte aus diesen Frettchen werden, wenn sie nicht jagen könnten? Diebe? Schmarotzer? Jeder würde auf Ratz und Elise schauen und sagen: Seht nur die Schmarotzer Kinder von Ratz und Elise!!!

Ratz hörte natürlich davon:
Am nächsten Morgen schon war er bei seinen Kindern und nahm sie mit an den Fluss, welcher in der Nähe bei den Menschen durch die Ortschaft floss. Dort gab es das ganze Jahr über kleine Fische und Krebse als Nahrung. Hier und jetzt sollten sie lernen, wie sich ein Frettchen selbst und „ordentlich" ernährt. Vor allem aber seiner Würde entsprechend nicht vom „Betteln" leben. Das würde seinem Ruf gar nicht gerecht. (Ist das nicht ein menschlicher Zug?) Haben wir mit den Tieren mehr gemeinsam, als wir uns als Menschenrasse eingestehen wollen?
Sie waren gerade dabei, Fische zu verzehren, welche die Jungen selber gefangen hatten, als seine Frau Elise am Ufer auftauchte und dem Treiben ihrer Kinder und Ratz die ganze Aufmerksamkeit widmete. Auch sie war schuldig an den Gerüchten. Denn sie war trächtig und hatte keine Augen und Ohren mehr für die

Belange ihrer früheren Jungen. Die Zeit zum Lernen war zu knapp geworden. Der Winter im Kommen. Und das Frühjahr mit den neuen Kleinen? Es stand schon fast wieder vor der Tür. Die Zeit schien zu rasen. So dachte sich auch Elise bei dem Treiben der Familie und dem Nachdenken über ihre Kinder nebst dem Frettchen Ratz. Sie hatte noch eine Wabe ergattert vom Specht und wollte nun einmal mit ihrer Familie alleine sein und spielen. Jetzt tollten sie alle durch den Fluss. Die Kinder miteinander verwoben als Frettchen - Knäuel. Ratz schwamm neben seiner Frau Elise und beide hatten endlich wieder das Gefühl, wie herrlich es ist – ein freies Frettchen zu sein. Tauchen und Schwimmen so oft es ging und die Luft es her gab. Die Familie der Frettchen hatte ihre Einigkeit wieder gefunden. Dann saßen alle im Kreis am Fluss, genossen den Honig der Wabe und konnte sich in der Sonne wärmend am

Nachmittag einmal richtig austauschen. Für die Jungen wurde Jagdunterricht vereinbart, Elise bekam Futtersuche – Unterstützung, Ratz hatte sich mehr um die kleinen Frettchen, als um die Höhle zu kümmern. Alle gingen sehr zufrieden nach Hause. Wenn auch getrennte Wege zu den Höhlenbäumen jetzt im Vordergrund standen. Es war ein guter Kompromiss für alle Seiten. Ratz und Elise kuschelten sich wieder in ihrem Nest eng aneinander. Ruhe und Wärme taten sehr gut.

Schon am nächsten Morgen taten sich neue Welten auf. Der Schneestaub bedeckte Wiesen und Äcker. Es war der Spätherbst und die Zeit zum Winter wurde von Tag zu Tag kürzer. Die Tage wurden schon deutlich dunkler in den Morgenstunden. Ratz merkte es in den Knochen, wenn die feuchte Kälte seinen Rücken streifte.

Der Winter war nur schön, um im Schnee sich einzugraben, die Wärme und Isolation zu spüren. Schnee kann nicht nur Leben zerstören. In seiner Eigenschaft kann er auch wunderbar wärmen und so ein Leben retten oder erhalten. Elise machte sich da mehr Sorgen der Nahrung wegen. Alles was im Sommer so schwer war zu besorgen konnte nun ein Problem werden. Die Jungen waren groß, fett geworden und in ihren Fähigkeiten voll ausgebildet. Ratz und Elise hatten ihnen all das mitgegeben, was sie für Leben und Überleben brauchten. Sie hatten sie aber auch darauf vorbereitet sich zu verteidigen. Schon in den ersten Tagen ihres „freien" Lebens ohne die Eltern kam es zu Streitereien mit anderen Frettchen und fremden Tieren. Doch Ratz hatte ihnen gezeigt, wie sie sich „Größer" machen oder mit wenigen, schnellen Bissen einen Feind beeindrucken können. Durch diese Schulung der Selbstverteidigung, hatten sie

Vorteile gegenüber anderen Frettchen. Sich durchzusetzen ist immer eine schwierige Sache. Ob bei den Menschen oder den Tieren des Waldes. Dort bekommen wir die Hackordnung nur nicht so zu spüren und zu sehen. Aber es gibt sie. Berühmt ist schon von der Verhaltensforschung der Test in einem Hühnerstall, wo die Hühner auf unterschiedlich hohen Stangen sitzen. Nun wurden untere Hühner auf höhere Stangen gesetzt. Das Ergebnis ist eine heftige Auseinandersetzung der Hühner bis die Rangordnung wider stimmt.

Bei uns Menschen ist es glaube ich genauso. Wenn DU versuchst dich auf die höhere Stange zu mogeln, kommt schon der Hahn um dich von der Stange stoßen. Mit allen Mitteln kämpfen alle Großen für die obere Position. Halten können sich nur die Besten. Die anderen werden von der Stange der Gerechtigkeit wieder

herunter geholt. Es lohnt nicht sich zu verbiegen der Stange wegen. Besseres Futter wie es ein Frettchen braucht, kann man auch mit größerer Intelligenz oder mehr Intuition erhalten. DU musst nur wissen wo du suchen musst. Wer das halt zeitig lernt, der kann sich auch schnell die Dinge besser merken. So halten es auch die Elefanten. Die matriarchische Anführerkuh hat einen großen Wissensschatz über Wasser, Futter und geschützte Stellen in der Wüste und Steppe. Das macht sie unersetzbar für eine Herde von Elefantenkühen. Wie eben auch Eltern von Ratz Eltern unersetzbar sind.
Heidrun die „große“ Hornisse!

Ratz hörte es als erstes Geräusch des neuen Morgens. Grrr. Grrr. Grrr. Grrr. In der Höhle waren die Töne so verstärkt, als wenn jemand den Baum umsägen täte. Deutlich war es zu vernehmen. Nicht einfach zuzuordnen. Dieses kratzen und Schaben. Der Morgen begann mit Wundern.

Was kann das sein und wer will da unser trautes Heim zerstören?

Ratz faste sich ein Herz und kletterte die Höhlenwand hinauf bis zum Rand der Höhle.

Was sah er da?

Ihn schauderte bei dem Anblick des Tieres, welches mit seinen starken Kieferwerkzeugen Holzmehl aus den morschen Stammteilen der Rinde herauskratzte und zu einem pappigen Brei zerkaute und zermalmte. Eine riesige Hornisse machte sich da zu schaffen an dem Stamm von Ratzen`s Zuhaus. Was für eine beeindruckende Größe. Mindestens 3,5 cm sollte sie schon lang gewesen sein. Und die starken Kieferzangen machten ein Geräusch, als ob Knochen von Elefanten von Hyänen zerknackt würden.

Schauderhaft!

„Wer bist du und was machst Du hier an meinem Stamm?“ fragte Ratz sehr vorsichtig. Die Hornisse sah erschrocken auf und blickte in die dunklen, geweiteten Augen von einem verschreckten Ratz. „Entschuldigen Sie die Störung“ sagte sie. „Wollen sie es sich vielleicht einmal ansehen?“ Schwupp war sie weg. Es brummte als wenn ein Hubschrauber eine Parade flog in einem Militärmanöver.

Nach 5 Minuten war sie wieder da.
„Nun Freund oder Feind“. „Wie ist dein Name und was machst du hier in diesem, meinem Baum?“

„Mein Name ist Ratz und ich bin ein Frettchen. In diesem Baum lebe ich mit meiner Frau und meinen erwachsenen Kindern. Im Frühjahr kommen die neuen Kinderchen an. Ich werde sie verteidigen, wie ein Löwe seine Jungen. Auch gegen eine – was bist DU gleich noch mal?“ so erregt war das Frettchen von dem großen Brummen dieses Insekts mit seiner Größe. Kaum fand er die Worte sich zu entschuldigen oder eine Frage zu stellen. Die Hornisse begann sich erneut am Holz zu ereifern. Doch vorher sagte sie: „ Ich bin eine Hornissen – Königin und habe es eilig, da meine Eier ungeschützt von einer Höhle sehr empfindlich sind in ihrem Nest. Mein Name ist Heidrun. Die Hülle muss ich erst noch fertig stellen ehe sie schlüpfen. Der Specht hätte sonst leichtes Spiel meine Kinder zu rauben und zu fressen. Das muss ich verhindern. Du verstehst sicher, dass ich es eilig habe.“

Schon war sie mit einem neuen Klumpen Pappmache unterwegs. Ratz sah ihr zuerst nach und dann lief er ihr einfach hinterher. Nach 10 Minuten kam er bei einer großen Kiefer an. Dort hatte er Heidrun in eine sonderbare Kugel fliegen und krabbeln sehen. In einem kleinen Loch an der Unterseite schob sich der große Leib hinein. Ein warnendes Summen und Brummen war aus dem Höhlen – Pappmache – Nest deutlich zu vernehmen. Doch Ratz war so neugierig. Vorsichtig näherte er sich dem Nest in gut 20 Metern Höhe. Auf einmal ertönte ein „anderes Summen" aus dem Nest. Es war ein Alarm ausgelöst worden. Eine Hornisse hatte bei der Heimkehr vom Sammeln Ratz den Stamm erklimmen sehen. Das ging gar nicht. Mit einem Mal waren 20 Hornissen auf dem Weg zu Ratz unterwegs. Er rief nur verzweifelt nach Heidrun. Nichts hätte ihn sonst noch retten können. Die erste Hornisse war schon bei ihm, als sie von einem Schatten weg geschubst wurde. Es war Heidrun. Ratz wusste gar nicht, wie es ist, sich über eine Hornisse zu freuen. Das war ihm neu!

Heidrun schickte als erste Tat ihre Brut zum Nest zurück. Die Gefahr war gebannt. Dann durfte Ratz einen kleinen Blick in das Loch am unteren Ende des Nestes werfen. Was er da sah erstaunte ihn, als wenn er in eine ferne Galaxie schauen würde. Wabe an Wabe war da zu sehen. So etwas kannte er doch nur von Bienen. Heidrun erklärte ihm nun schnell, dass es auch bei den Hornissen Waben den Bienen ähnlich geben würde. Da die Hornissen zu den Faltenwespen gehören würden. Wie die gewöhnlichen Wespen auch, bloß halt etwas größer und kräftiger. Mehr war da nicht anders. Schon versuchten die anderen Staatsmitglieder Essen und Baumaterial in das Nest zu schaffen. Ratz musste sich verabschieden. Doch Heidrun lud ihn ein, nach 2 Tagen wieder zu kommen. Dann wäre die Lage entspannter. „Wenn die Hülle fertig ist, dann können wir 5 Minuten am Tag uns unterhalten und ich erklär dir die Welt der Hornissen. Vielleicht bringst du deine Frau und ´Kinder mit und bei etwas Honig und Obst werden wir uns besser in diesem Wald verstehen. Ich will dich ja nicht im nächsten Jahr erstechen müssen, wegen zu großer Neugierde. Alles was uns angreift, wird bis zum Ende und Tod verteidigt. So ist unser Leben. Ich werde den Winter überleben, meine Kinder werden vor dem Winter sterben. Falls eine weibliche Hornisse schlüpft, befruchtet wird im Hochzeitsflug, kann auch sie den Winter überleben. Und dann einen neuen Staat im Frühling gründen. Unser Leben ist ein einziger und ewiger Schaffen und Sterben Prozess. Ratz ich freue mich auf Übermorgen“ so sprach Heidrun und Ratz war sehr froh, so nah daran gewesen zu sein. Mit Vorfreude ging er vom Baum und sagte später alles seiner Frau. Die war von den Plänen nicht so sehr begeistert. Und die Kinder sollten auch noch mit. Was würde sie da übermorgen erwarten? Neue Freundschaften? Gefahren für Leib und Leben?

In diesen 2 Nächten konnte Ratz nachts einfach keine Ruhe finden. Die Unruhe trieb ihn aus der Höhle und in die Mond beschienene Wiese zu den Füßen seines Baumes.

Hornissen – dieser Name lässt uns beim Zuhören schon erschauern. Ihre Größe einer Königin von fast 4 cm Länge erschreckt uns. Das Brummen ist beeindruckend. Haben sie schon einmal einen Luftkampf zwischen einer Hornisse und einer Totenkopflibelle gesehen? Da denkst du als Beobachter – Du siehst einen „Patriot“

Hubschrauber der Amerikaner fliegen und wenden. Das Schießen fehlt halt bloß. Doch es ist nicht nur die Größe, Wendigkeit und das Brummen. Es ist die Faszination der Libelle und der Hornisse, welche unsere Herzen in zwei Richtungen schlagen lassen. Ekel wie bei Spinnen, Angst vor der Hornisse und ihrem Stich. Angeblich könnten 7 Hornissenstiche einen Menschen töten. FALSCH – nur der Bienenallergiker muss sich da fürchten. Ob nun Hornisse oder Biene ist da vollkommen egal. Doch die Angst beherrscht unser Denken und die Logik. Schmerzen sind da größer, die Entgiftung dauert länger – sonst ist alles unbedenklich.

Nur einfach in Ruhe lassen und nicht reizen. Die Hornisse hat die gleichen Facettenaugen wie eine Biene oder Fliege. Das heißt, es braucht einfach länger, um einen Angriff oder eine Gefahr zu lokalisieren. Deshalb wird dann gestochen. Nur die Verteidigung treibt das Insekt zu seinen Handlungen. Wir Menschen müssen uns in der Natur mehr bemühen die Natur auch zu verstehen. Vor 65 Millionen waren die Hornissen auch schon da. Libellen waren Einen halben Meter groß. Unvorstellbar für unsere Verhältnisse. Doch alles Leben der Tiere war schon vor uns da. Diesem Aspekt müssen wir mehr Rechnung tragen. Sonst verlieren wir den Kampf um unser Überleben. Wir haben verlernt uns groß weiter anzupassen.

Ratz hatte sich seinem Wald angepasst.

Farben wie der Waldboden und keine auffällige Zeichnung seines Felles bedeuteten für ihn weniger Gefahr durch Greifvögel oder andere Tiere. Er wurde einfach übersehen.

Fast wie wir es bei den Menschen heute erleben.

Man wird manchmal einfach überrannt.

Blinde Menschen sehen heute mehr, als wir sehenden Individuen. „Blind“ vor Arroganz stolpern wir als Eltern unseren Kindern vorneweg. Das Handy in der Hand und einarmig im Geist wie ein Spielautomat. Armseliges Deutschland.

Ratz hatte sich immer für seine Kinder mehr interessiert, als für andere Dinge und Tiere im Wald. So soll es ja auch sein.

Ein lachendes Geräusch riss Ratz aus seinen Träumen. Waren das Kinder? Waren das Räuber oder Angreifer? NEIN.

Es war ein Vogel von 30 cm Größe.
Braunes Köpfchen, grüne Federn, Wellenflug, spitzer Schnabel.
Der Vogel hüpfte auf Ratz zu und fauchte dabei.
Mit großen Schritten eilte Ratz davon und nur die Neugierde ließ ihn zurückkommen.

„Was bist Du denn für ein Vogel?“ „Ich bin ein Grünspecht!“ „Ich mag nicht gefressen werden von einem Raubtier wie meine Jungen!“ Da hatte aber ein Tier ziemlich Wut im Bauch. Vorsicht mit den Worten oder Gesten. Dieser Vogel hatte wohl in diesem Sommer einen herben Verlust seiner Kinder erlebt. Es muss eine schreckliche Erfahrung sein, die Jungen an Fressfeinde zu verlieren und nichts tun zu können. Doch Ratz wollte auch nicht in die Seele des Grünspechtes bohren, ohne weitere Gründe für den Verlust zu kennen. Nicht das da noch seine Artgenossen mit schuldig geworden sind. Das könnte er sich ja nie verzeihen. Von Vögeln und Jungen hielt er sich während der Brutzeit fern. Und in seinem Umkreis des Baumes herrschte für ihn ein „Burgfrieden“ mit allen Tieren zum Schutz der eigenen Familie. Niemand sollte zu Schaden kommen durch seine Familie und Freunde. Wenn die Nahrung knapp wird sieht dies anders aus. Aber solange wollte Ratz nicht erst warten. Doch der Grünspecht kam sofort wieder mit seinem Zorn daher. Das alte Wettern gegen die Raubvögel und Marder des Waldes kam als zischendes Schimpfen daher. Der spitze Schnabel stocherte aggressiv gegen das Gesicht von Ratz. Dem langte das nun aber auch einmal.

„Stopp du komischer Vogel mit deinem spitzen Schnabel - spießt mich ja fast auf!“ fauchte Ratz jetzt aber zurück. Da wurde dem Grünspecht erst bewusst, wie gefährlich sein Schnabel eigentlich sein konnte. „Entschuldige bitte meinen Stil!“

„Ich wurde im Sommer Zeuge, wie ein Eichhörnchen meine Jungen aus dem Nest geholt hat. Das war kein schöner Anblick. Leider konnte ich nichts dagegen tun. Meine Frau und ich hatten dann nur noch die Chance einer zweiten Brut. Doch der Sommer war zu nass. Kinder keine dieses Jahr!“ so sprach der Specht.

„Hugo ist mein Name. Hugo nennen mich auch all meine Freunde!“ „Möchtest Du mich auch Hugo nennen?“ Dabei schaute der Specht recht freundlich aus seinem grünen Gesicht. „Was bist Du?“ fragte Hugo. Jetzt war es an Ratz sich zu bekennen, dass er ein Frettchen war. Doch man konnte einen neuen Freund gewinnen. Dafür war die Wahrheit immer gut.
Mit allem Mut zu seinem eigenen „ICH“ sagte Ratz: „Ich bin Ratz und ein Frettchen, aber ich mag keine jungen Vögel fangen oder fressen! Ich unterhalte mich lieber mit vielen Freunden und spiele mit ihnen.“ Die Kinder sollten später alles über die Tiere in ihrem Wald wissen. Mein Gott Kinder waren sie schon lang nicht mehr. Ausgeflogen und größer als er. So waren sie im letzten Sommer herangewachsen. Mit einer ungeheuren Energie bahnten sie sich den Weg in ihr Erwachsenen Leben. Eigenständig und mutig sorgten sie für ihren eigenes Fressen und

Nahrung. Oft rennen sie noch zusammen umher, damit sie mehr Nahrung finden. Der Winter wird sie zu vollen Frettchen erziehen. Besser als alle Ratschläge der Eltern zusammen. Die Natur ist eine gute Mutter für ihre Zöglinge. Schon am Morgen des neuen Tages konnte der Schnee alles in der Natur und im Wald verändern.

Hugo flog entspannt davon, um sich aber mit seiner Frau zu treffen. Ratz hoffte, ihn und seine Familie bald wieder zusehen. Dann machte er sich mit seinen kurzen Frettchen Beinen davon zu seinem Baum. Ratzens Frau war nicht so sehr begeistert, wenn Ratz mit Spechten Freundschaften schloss. Sie wusste um die Gefahr.

Doch Ratz war nun einmal von seinem Wesen her, der Freund aller Tiere und Lebewesen.

Auch Du Kind lerne, dass nicht alle Tiere im Wald Feinde zueinander sind. Vieles geht sich aus dem

Weg. Viele vertragen sich auch einfach – indem sie nebeneinander und friedlich wohnen. Warum eigentlich, ist dies bei der Rasse der Menschen auf dieser Welt nicht so einfach möglich? NEID, Hass, Missgunst, Aberglaube und Missverständnisse prägen das Leben der Menschen und führen zu Kriegen.

Kinder kommen ohne Vorurteile auf diese Welt. Erst unser Tun an ihnen prägt sie zu den voreingenommenen Wesen, welche später mit der Waffe in der Hand oder im Kopf Amok laufen. Wir sind selbst schuldig an ihnen geworden. Kein Tier in unserem heimischen Wald kann es sich leisten, mit den anderen Tieren in einen „Krieg“ um Nahrung einzutreten. Das sparen sich die Tiere wegen der Energie für den Winter. Da brauchen sie jedes Gramm Fett. Die Winter sind zwar nicht mehr so streng, wie vor 40 Jahren, doch Schnee einen halben Meter hoch (50 cm) kann dem Eichhörnchen die Lebensgrundlage nehmen. So viel Kraft zum Scharren hat das kleine Wesen nicht in seinen Pfoten. Auch Rehe und Hirsche müssen dann mit Mühe sich das Futter unter dem Schnee frei kratzen. Nur die Wildschweine haben da mehr Möglichkeiten es mit dem Rüssel schneller zu erhaschen und zu erschnüffeln.

Sturnus Vulgaris – gemein hin als STAR bekannt wurde 2018 der Vogel des Jahres. Leider nicht aus Gründen von Popularität oder Starrummel. NEIN – aus Gründen des langsamen Verschwindens. Vor 20 Jahren gab es Zeiten, als der Star zu 5 Millionen in die Weinberge in Rheinland-Pfalz einfiel. Heute muss man sich freuen, wenn man noch 10 Stare zusammen fliegen sieht. Das ist sehr ernst. Es brütet gar nicht mehr viel in Deutschland. Einige bleiben über Winter gleich hier. Sie sind im Februar schon da. Überwintern in Spechthöhlen und können eher brüten. Doch die Masse der Vögel ist dann nach der 1. Brut auch schon wieder weg. In anderen Städten kommen sie zu Tausenden zusammen, scheißen auf gut deutsch gesagt die Autos zu und ertreten sich in einem eng gewordenen Lebensraum Stadt Wiesbaden. Das kann doch nicht das Ziel sein. Oder?

Ratz begegnete dem ersten Star in seinem Leben in einer so skurilen Situation, dass er dies nicht vergessen wird. Es war eine schöne Wanderung in der Waldwiese im Herbst, als er plötzlich von etwas auf seinem Kopf getroffen wurde. Weich und übel riechend traf ihn gleich noch die zweite Portion. Und wieder – und wieder wurde auf sein Haupt ein übles Zeug stinkenderweise geworfen. Der Blick nach oben verschlug ihm die Sprache. Ein riesiger Schwarm Vögel überflog gerade seinen Wald und ließ dabei Massen von Exkrementen fallen. Es war wie eine Regenwand aus Mist. Ratz konnte sich nur schwer vor diesem Zeug schützen. Dutzende Male wurde er am Kopf getroffen und fing an zu laufen. Doch je schneller er lief. Desto mehr wurde er auch getroffen.

Plötzlich bog der Schwarm ab und steuerte die Wiese an, auf der Ratz gerade unterwegs war.

Mit aller Kraft verschwand er in einem kleinen Erdloch und beobachtete das Treiben der Vögel auf der Wiese. Etwas fiel ihm sofort auf. Alle Federn hatten jetzt Tupfen und die Farbe des Sommers von grün bis stahlblau war verschwunden. So hatte man sie ihm früher beschrieben. Ein Vogel hatte seinen Schwanz entdeckt und versuchte nun den „vermeintlichen Wurm“ aus seinem Versteck zu ziehen. Ratz war zwar viel größer und er hatte ja Krallen, doch der Vogel gab einfach nicht auf. Da wendete ratz in der Höhle und kam dem Vogel entgegen geschossen. Der Star konnte so schnell gar nicht weg fliegen, wie Ratz am Flügel zuschnappte. Alles jammern nützte im Moment nichts. Also sprach Ratz: „ Moment Vogel, halte still. Ich will mit dir reden. Aber du musst erst einmal still halten. Flieg nicht weg, denn ich habe viel Fragen und ich fresse dich auch nicht. Versprochen!“

Der Star hielt vorsichtig still. Ratz ließ den Flügel los. Nun schüttelte der Star sich und sein Gefieder gründlich durch. Nach einem Hüpfer konnten die beiden Tiere erst einmal Luft holen. „Also“ sprach Ratz „ es kann doch nicht wahr sein, dass ihr andere Tiere einfach mit eurem Kot bedeckt beim Fliegen. Das ist doch eine Sauerei. Sieh her, wie ich aus sehe und rieche. Und von Entschuldigung sagen habt ihr wohl auch noch nie was gehört?“ Ratz war nicht nur sauer sondern „stinkig“. „Moment“ sagte da der Star.

„Wir sind auf dem Zug nach Süden in unser Winterquartier Afrika. Da haben wir es eilig. Unser Zugtrieb treibt uns immer weiter. Ohne Rücksicht auf Verluste oder was der Körper so treibt. Es ist so Ratz. Im Sommer fressen wir neben der Brut Fettreserven an. Kommt dann der Zug, so fliegen wir Tag und Nacht und verbrennen viel davon. Oft schaffen es viele Kameraden nicht, weil das Fett ausgeht.
Dies bedeutet den sicheren Tod für viele Vögel. Unser Trick dabei ist, wenn wir fliegen, so nimmt jeder Vogel in der Formation einen Platz ein, der ihm den Windschatten des Vordervogels bietet. So sparen wir Kraft wie in der Formel 1 unter den Vögeln. Das ist das Geheimnis unter unserem Flug. Jeder Vogel hat aber immer nur 4 Vögel an seiner Seite zum Sparen der Energie. Ist das nicht toll?" „Wie - 5 Millionen Vögel können so zusammen koordinieren, dass ihr alle Energie spart?" „ Ja, das ist der Trick unserer

Flugmanöver und so kommen wir immer an unser Ziel im Herbst!" „Im Frühjahr fliegen wir dann wieder einzeln – oder Paar - nach Deutschland". „Es gibt Menschen welche unser Eintreffen Jahrzehnte lang aufschreiben, um dem Frühling seine Aufwartung zu machen!" Das ist doch sehr ehrend. „Ratz was bist du jetzt gleich wieder?" „Ich bin ein Frettchen und ein Raubtier, aber Stare schmecken mir nicht!" sagte Ratz und seine „üble Laune" verlor jedoch mit jeder Minute an Bedeutung. Ratz freute sich über das Gespräch mit dem Star und sagte sich auch, (im Frühling warte ich auch auf Euch mit dem wiederkehrenden Frühling).

Es ist schön, wenn einige Dinge auf dieser Welt immer und immer wiederkehrenden Kreislaufes gleich bleiben. Die Natur ist verlässlicher, als wir es in unserem kleinen Denken für möglich halten würden.

„KINDER gebt mehr Acht, auf das – was am Himmel fliegt und hört gut zu. So langsam wird es still am Himmel des Sommers. Das ist das Sterben der Natur vor unseren Augen und Ohren." So dachte sich Ratz. Doch die Gedanken der Traurigkeit verflogen mit dem Fühlen und Freuen auf den warmen Sommer und Frühling im nächsten Jahr.

Ratz hatte sich schon einmal mit den Menschen beschäftigt. Doch der Gedanke bei Ihnen zu wohnen – im Winter – in einer Scheune zum Beispiel raubte ihm fast den Schlaf. Da wo die Menschen sind, riecht es anders, als in der „freien Natur". Auch besteht für ihn die Gefahr des Entdeckt werden. Futter durch Mäuse ist bestimmt leichter zu bekommen. Vielleicht kommen die Menschen auch in die Scheune, um die Bewohner zu füttern? Man darf sich aber nicht verraten. Die Anwesenheit muss weiter über die Freiheit des Körpers siegen. Ein

Bauernhof wäre der ideale Überwinterungsort. Doch da gibt es auch Hühner, Hähne, Mäuse, Ratten vielleicht und noch anderes Getier. Das kann dann doch auch gefährlich werden. Da muss wohl doch der Familienrat erst noch darüber beraten. Warm im Stroh zu schlafen kann schon ein warmes Herz bereiten. Der Sinn des Überlebens hatte eine neue Stufe erreicht. Elise war da wohl anderer Meinung zu diesem Thema. Sie hasste die Menschen und die Nähe von Siedlungen. Ratz hatte sie nur darüber schimpfen hören. Den Grund für die Wut musste er in einem Gespräch erst noch klären. Wenn es da Unterschiede in den Meinungen gibt, braucht man den Gedanken erst gar nicht her zu nehmen. Elise war eine streitbare Frau. Von verwegenen Plänen wollte sie gar nichts hören. (Kinder kennt ihr das, wenn eure Väter und die Mütter unterschiedliche Meinungen haben?)

So war es auch bei Ratz und seiner Frau. Doch immer hat ein vernünftiges Reden mit der Frau zu einem guten Ergebnis geführt. Hoffentlich wird es diesmal auch so – dachte sich Ratz. Unaufhörlich rückte der Winter in den Fokus (Weitblick) von Ratz mit einer Planung für die Familie. Denn so muss es sich anfühlen, wenn der Tod zu nahe an einen heran kommt. Bloß weil man nicht geplant hat.

Mit all seinen Kräften rannte Ratz zu seiner Frau. Die war schon in heller Aufregung. Menschen waren im Wald gewesen, hatten sich den Höhlenbaum angesehen und gemeint, dass der weg müsste. Doch erst im nächsten Jahr.

Ratz konnte den Schreck in ihrem Gesicht deutlich wahr nehmen. Auch er dachte an seine Zukunft im Wald. War der Mensch doch nicht die gute Idee für den Winter? Konnte man denn als kleines Frettchen etwas tun?

Plötzlich hörte auch er die Menschen.

Sie waren wieder da. Ratz sah aus dem Loch nach unten und hatte eine Idee. Mit viel Schwung ließ er sich in die Hände eines Menschen fallen. Doch ehe der es begriff, war er schon wieder am Baumstamm und kletterte nach oben. Der Mensch hatte es beobachtet. Jetzt schauten alle in der Gruppe nach oben, wie Ratz in seinem Höhlenloch verschwand.

Elise konnte nun hören, dass der Baum stehen bleiben sollte. Vor Freude hatte sie ihren Ratz für seinen Mut geküsst. Das kam ja sonst nie vor. Immer wieder hat es Wunder in der Natur gegeben. Vergiftetes und verstrahltes Land regenerierte sich von allein. Es dauert nur immer länger. Oder braucht ewig zum neuen Wachsen.

„Die Natur braucht uns nicht, aber wir brauchen die Natur und ihre Rohstoffe für unser Leben.“

Es muss nicht immer schwarz gesehen werden. Oft sieht der Mensch inzwischen von allein, dass es so, mit er Natur nicht weiter gehen kann. In den wieten Teilen der Welt, finden immer mehr Menschen einen Sinn darin - unseren Lebensraum zu erhalten. Unser Lebensraum – unser Überleben. Oder wollen wir unseren Enkeln einen toten Planeten überlassen?

Ratz bemerkte es nun in der Nacht.
Die Kälte kroch in sein Fell. Irgendwie war diese Nacht anders, als die Tage vorher. Als er am Morgen aus dem Loch sah, war alles weiß. Der Schnee lud ihn ein, eine Partie mit ihm zu spielen. Ratz und seine Frau ließen sich diese Freude nicht zweimal entgehen. Mit einem Bissen im Maul als Frühstück, stürzten sich beide Frettchen in den Schnee und tobten die nächsten zwei Stunden herum. Gegen Mittag kamen ihre

Jungen sogar auch noch dazu. Was für ein Stauben und Schnauben im Wald des Frettchens. Alle Tiere sahen erstaunt vom Weg hinüber und freuten sich am Ende mit Ratz und seiner Familie. Alle Freunde samt Specht kamen heran. Der Buschfunk hatte geplaudert. Viele Tiere versammelten sich am Rand der Lichtung. Doch selbst im Schnee zu toben, trauten sie sich aus Angst vor Feinden nicht.

Damit wurde nun eine neue Phase des Lebens eingeläutet. Der Wald machte den Übergang zu seiner Winterruhe bekannt. Alle Tiere konnten sich nun darauf einstellen, dass der Wald ihnen Nahrung auch im Winter anbieten könnte. Die Vorräte der Natur waren im Wald, Boden, an Futterplätzen verborgen und geschützt. Der Eichelhäher war schon den ganzen Herbst über geflogen, um die Früchte der Eichen zu vergraben. Hoffentlich findet er nicht alle wieder! So kann neuer Wald entstehen.

A pro Po – Eichelhäher.
Ein bunter Vogel in unseren Wäldern.
„Des Hähers Federn wohl gemuht, steckt sich der Jäger an den Hut“ alte Jägerweisheit.

Anschleichen, pirschen, schleichen, schnüren und dann den Sprung zum Mauseleckerbissen. Kennt ihr dieses Bild?
Ratz hatte ihn zuerst gesehen. Alle anderen Tiere flohen fast zum selben Zeitpunkt. Doch Ratz pfiff laut. Schon kamen sie in Scharen wieder zurück. Das Schauspiel begann von Neuem. Der Fuchs indes zog seinen Weg weiter in das Dorf. Hühner stehlen? Mäuse jagen? Scheunen erkunden? Man wird ihn sehen! Und der Jäger hat sein Haus als erstes im Ort mit seinen Vorräten für Hirsch und Reh. Das wird ein Spass.

Es dauerte nicht lange, da peitschte ein Schuss durch den Morgen. Der Fuchs rannte wieder an allen Tieren vorbei und eine Rotte Sauen folgte ihm mit schnellen Schritten im Galopp. Es war Jagdzeit bei den Wildschweinen. Der Winter hat nicht nur die „Rauschzeit" (Liebeszeit) sondern auch die Jagd für sich gepachtet. Gute Jagd den menschlichen Bestandsregulierern!

Doch von der Jagd wollte Ratz gerade gar nichts wissen. So etwas machte ihm nur Angst. Da seine Frau und er einen schönen warmen Pelz hatten, so wollte er in seinem Leben kein Risiko eingehen. Schon gar nicht jetzt im angehenden Winter. Es wurde von Tag zu Tag kälter und ungemütlicher. Der Schneesturm kam immer öfter vorbei und die Vorräte der Saison wurden schon angegriffen. Wo sollte dies nur hin führen?

Der Winter hatte noch gar nicht richtig angefangen. Doch Ratz hatte immer noch die Idee im Kopf, den Winter in einer Scheune bei den Menschen zu verbringen. So machte er sich am nächsten Tag wieder auf, um die Scheunen der an den Wald grenzenden Dörfer zu erkunden. Er wusste es nicht besser, als dass die Menschen seine Feinde waren. Nichts konnte er sich anders vorstellen, als dass Menschen ihn und seine Art verfolgen. Eine freundliche Gesinnung eines Menschen war ihm völlig absurd erschienen. Doch auch ein Ratz – ein kleines Frettchen – konnte sich im Leben sehr irren. Das war eine Lektion, welche Ratz noch lernen musste. Bei der ersten Scheune war ein ganzer Bauernhof hinten dran. Überall war Futter verstreut und die Mäuse tanzten auf den Scheunenbalken. Es war fast wie im Paradies. Er ließ es sich nicht zweimal sagen und schnappte sich zwei, drei Mäuse. Doch der Hofkater Eduard hatte da etwas dagegen. Mit wildem Geschrei stürzte sich der Kater auf den Eindringling. So eine Frechheit hatte sich noch nie jemand ihm gegen über erlaubt. Schon hatten sie sich in der Wolle und buchstäblich auch im Fell. Mit allen Kräften wurde da um das Jagdrecht in der Scheune gekämpft. Ratz wollte nur eine kleine Maus und nicht die ganze Mäuse-Bande für sich haben. Doch der Kater verstand leider gar keinen Spass, wenn es um das Futter geht.

Der Hofkater versuchte dem armen Ratz seinen Kopf zu verletzen. Ratz biss dem armen Vieh in die Pfote und ließ auch nicht gleich wieder los. Damit war der Kampf entschieden. Ratz hatte sich seine Maus redlich verdient und schnappte sich gleich zwei Stück. Für sich selbst und für seine Frau als Mitbringsel. Diese Frau vom Ratz war bestimmt nicht begeistert, wenn sie hört, dass er wieder bei den Menschen im Dorf war.

Sie hasste die Menschen wegen ihrer Art und Weise. Und sie hasste sie, wegen der Pelze zu früheren Zeiten, da sie noch zu Mänteln verarbeitet wurden. Mit dem Menschen war einfach kein gutes Leben möglich. (Ratz hatte ja schon andere Erfahrungen gemacht) Er durfte es aber seiner Frau nicht sagen. Sie sollte eines Tages selber darauf kommen, ihre Haltung dem Menschen gegenüber neu zu überdenken. Wie kann man den Kindern Grundsätze beibringen, wenn man sie selber nicht besser erfahren hat können? Das ergibt doch keinen Sinn! Oder Kinder dieser Welt? Wie viele Tiere in der Natur kennt ihr denn noch persönlich von der Beobachtung aus dem Wald oder von einem See?

Es ist doch erschreckend!

Als ich ein Kind war, vor 30 Jahren konnte ich es kaum erwarten, dass die ersten Stare wieder auf unseren Linden vor dem Haus und der Kirche ankamen. Sie kamen aus Afrika und putzten sich die Federn. Mit dem Fernglas konnte man erkennen, wie zerzaust das Gefieder vom langen Flug gewesen ist. Zu diesen Zeiten in den 80er Jahren flogen 5 Millionen Paar Stare in Deutschland umher, brüteten und zogen im Herbst wieder nach Afrika zum Überwintern.

Und heute sind es gerade mal noch
2,5 Millionen Paar Stare, welche bei uns leben und brüten. Die beeindruckenden Starschwärme mancher Fotografen gibt es schon lange nicht mehr bei uns. 2018 wurde der Star sogar zum Vogel des Jahres ernannt. Ein Zeichen für den dramatischen Rückgang seiner Art. Und dies nur in 30 Jahren. Hat der Mensch schon wieder eine Art auf dem Gewissen? Unter unserem Giebel

hat von meiner Geburt an, bis zum Weggehen ein Paar Stare gebrütet. Nach den Staren kamen die Mauersegler und manches Starjunge wurde aus dem Nest geworfen und landete auf dem Boden nach 10 Metern Fall. Oft konnte man nichts für sie tun. Heute weiß ich, man kann die Vögel mit spezieller Nahrung und Wasser wieder zum neuen Leben erwecken und die Energie ihnen zurück geben. Im Jahre 2012 flog ein junger Buchfink in das Schlafzimmer meiner Frau in München.

Er versteckte sich hinter dem Computer.
Sein Piepen lockte mich und meine Neugierde.
Ich fand ihn in einem guten Zustand für einen Nestflüchter und seinen ersten Flug.
Mit wenigen Schritten hatte ich ihn eingefangen und setzte ihn in einen Schuhkarton. Dort konnte er sich erholen. Meine Frau besorgte ihm einen Käfig zum Rest des Aufziehens. Dort konnte er

trinken und fressen. Er bekam den Namen „PIEP“. Mit Nestflüchter Futter und Wasserpipette zog ich ihn in den nächsten 14 Tagen auf zu voller Größe. Auch lehrte ich ihn die Flugmuskulatur zu stärken. Der Vogel saß auf dem Zeigefinger und ich bewegte ihn „auf und ab“. So wurde Piep dazu veranlasst, mit den Flügeln wie beim Fliegen zu schlagen. Das lehrte ihn Fliegen und die Flügel richtig zu gebrauchen. Erst als er dies richtig beherrschte, ließ ich ihn kurze Strecken fliegen.

Mit dem Käfig fuhren wir zu Blumenwiesen. Dort wurde der Boden weg genommen. So musste Piep auf der Wiese - Gras kennenlernen. Käfer und Würmer lernte er so zu jagen. Aus der Trockenfuttermischung kannte er schon Würmer und Insekten. Doch ich wollte einen Vogel in die Natur entlassen, welcher von der ersten Minute

sich selbst versorgen konnte. Nach noch einer Woche war es soweit. Ich war sehr aufgeregt. Heute sollte „Piep“ in die Freiheit entlassen werden. Mit dem Käfig fuhr ich zum Friedhof in der Nähe. Dort holte ich „Piep“ aus dem Käfig und nahm ihn in die Hand. Kaum war ich am Baum meiner Träume für ihn, öffnete ich ein wenig die Hand, um mich noch einmal von ihm zu verabschieden. Da flutschte er schon aus der Hand. Flog auf einen Ast und besah sich nun fast 2 Stunden lang die neue Umgebung. Ich war noch ein wenig in der Nähe. Denn Feinde (Falken) kannte er noch nicht.
Eine Runde später auf dem Friedhof war Piep fort. ER wurde ein glücklicher, freier Vogel. Trotz etwas Wehmut in meinem Herzen, bin ich stolz darauf, einem „wilden, freien“ Vogel, so wie ich es bin, die Freiheit und das Leben in Freiheit ermöglicht zu haben. Findet ihr auch einen Jungvogel, so versucht es nicht ihn zu

retten oder zu füttern, sonder bringt ihn zu Menschen wie mir oder auch Tierärzten. Ich bin Ornithologe seit über 40 Jahren und die Vögel sind meine Leidenschaft. Ihr aber könnt etwas tun, indem ihr Euch erst beraten lasst und dann mit Hilfe dem Vogel weiter helfen könnt. Doch es ist viel Aufwand, Arbeit und Geduld von Nöten dies zu schaffen. Der Vogel kommt dann immer zuerst dran. Freunde oder Hobby muss für diese Zeit wegfallen. Also überlegt es euch immer genau, ob ihr einen Jungvogel in Aufzucht nehmen wollt.

Schlusswort!!!

So, nun habt ihr einiges von der Natur erfahren. Ich konnte nur darüber berichten, weil ich selbst in der Natur mein ganzes Leben lang unterwegs war. Damit meine ich nicht, so ab dem 20. Lebensjahr. Nein – ich bin seit meinem 5.

Lebensjahr im Wald unterwegs und dies auch heute noch. Mit 50 sieht man die Welt mit anderen Augen. Doch eines ist offensichtlich.

Kinder – lasst Euch nicht die Welt und die Natur von den Erwachsenen kaputt machen und Euch die Freude an den Blumen und den Düften der Natur verderben. Wehrt Euch gegen die Dummheit der Erwachsenen, denen alles egal scheint. Hauptsache das Handy in der Hand leuchtet. Gebt nicht auf es ihnen zu entreißen, damit sie EUCH etwas von der Gottes Natur

erklären und mitgeben. Auch sie müssen sich einem Umdenkprozess unterziehen.

Ihr „KINDER" könnt Ihnen dabei helfen.

Es ist Eure Welt und Eure Zukunft in dieser Natur. Schon ohne Bienen wird die Menschheit aussterben! Traurig!

Ich wünsche Euch viel Spass beim weiteren Entdecken der Natur. Ratz ist gern am Abend unterwegs, wenn keine Menschen da sind!

Vielleicht trefft ihr „Ratz“ das Frettchen einst bei einem Spaziergang. Grüßt es recht freundlich von mir. Nur ihm verdanke ich seine Geschichte.

Euer

DONEGEL SMITH